BestMasters

Mit „BestMasters" zeichnet Springer die besten Masterarbeiten aus, die an renommierten Hochschulen in Deutschland, Österreich und der Schweiz entstanden sind. Die mit Höchstnote ausgezeichneten Arbeiten wurden durch Gutachter zur Veröffentlichung empfohlen und behandeln aktuelle Themen aus unterschiedlichen Fachgebieten der Naturwissenschaften, Psychologie, Technik und Wirtschaftswissenschaften.

Die Reihe wendet sich an Praktiker und Wissenschaftler gleichermaßen und soll insbesondere auch Nachwuchswissenschaftlern Orientierung geben.

Michael Knör

Die Unternehmens-
gründung im
Kulturbereich

Unterstützende Marketingstrategien
unter Berücksichtigung
der Neuen Medien

Mit einem Geleitwort von
Univ.-Prof. Dr. Thomas Heinze

 Springer Gabler

Michael Knör
Ludwigsburg, Deutschland

BestMasters
ISBN 978-3-658-10191-6   ISBN 978-3-658-10192-3 (eBook)
DOI 10.1007/978-3-658-10192-3

Die Deutsche Nationalbibliothek verzeichnet diese Publikation in der Deutschen Nationalbi-
bliografie; detaillierte bibliografische Daten sind im Internet über http://dnb.d-nb.de abrufbar.

Springer Gabler
© Springer Fachmedien Wiesbaden 2015

Gedruckt auf säurefreiem und chlorfrei gebleichtem Papier

Springer Fachmedien Wiesbaden ist Teil der Fachverlagsgruppe Springer Science+Business Media
(www.springer.com)

Geleitwort

Diese Buchpublikation von Herrn Knör ist entstanden als Masterarbeit im Kontext des von mir initiierten und geleiteten postgradualen Fernstudiengangs "Management von Kultur- und Non-Profit- Organisationen" an der TU Kaiserslautern.

Herr Knör widmet sich einem Thema, das für ein modernes, reflexives Kulturmanagement zunehmend an Bedeutung gewinnt: die Unternehmensgründung im Kulturbereich. Der Autor zeigt auf, wie eine Unternehmensgründung, hier die my-Kim GbR, auf der Basis von Marketingmaßnahmen und Marketinginstrumenten sowie unter Bezugnahme auf die "Neuen Medien" erfolgreich realisiert werden kann. Diese Unternehmensgründung basiert auf einem erweiterten Kunst- und Kulturbegriff mit dem Ziel, "Kindern bereits im Kindergartenalter ein Gefühl für Kreativität, Kunst und Kultur zu vermitteln". Die Besonderheit von my-Kim GbR besteht darin, dass sie einen Nischenmarkt bedient sowie auf zahlreichen Messeaktivitäten größere Aufträge in Anspruch nehmen konnte. Die geplante Umwandlung der GbR in eine GmbH ist unter diesen Bedingungen ein logischer Schritt. Ich wünsche dieser innovativen Buchpublikation viele engagierte Leser.

Univ.-Prof. Dr. Thomas Heinze a.D.
Honorarprofessor an der TU Kaiserslautern

Inhaltsverzeichnis

Abbildungsverzeichnis:

Tabellenverzeichnis:

1 Einleitung

Ein wirtschaftlich tragbares und nachhaltig tätiges Industrieunternehmen zu gründen und zu führen ist ein komplexes Unterfangen, bei dem viele Rahmenbedingungen beachtet und eingehalten werden müssen. Wie schwierig muss dann erst sein, ein Unternehmen zu gründen, das im Kulturbereich angesiedelt ist. „Kultur" ist im Vergleich zur freien Wirtschaft, in der das Produzieren und Handeln von Produkten im Vordergrund steht, eine Branche, in der es eher schwierig ist, gute Renditen zu erwirtschaften. Nicht zuletzt deshalb werden viele Kulturbetriebe über Jahre hinweg privatwirtschaftlich oder staatlich subventioniert, bevor sie wirtschaftlich arbeiten können, oder gar aufgeben müssen. Die vorliegende Arbeit beschäftigt sich mit eben dieser Thematik, nämlich der Gründung eines Unternehmens im Kulturbereich. Sie wird darstellen, wie eine Gründung durch eine Optimierung der einzelnen Gründungsschritte durch die gezielte Unterstützung mit geeigneten Marketingmaßnahmen erfolgreich verlaufen kann. Als Schwerpunkt der Arbeit soll dabei betrachtet werden, wie Marktbearbeitungsmaßnahmen und Marketinginstrumente in den einzelnen Phasen der Unternehmensgründung helfen können, diese positiv und so reibungslos wie möglich ablaufen zu lassen, damit sie eine gute Grundlage für die jeweils nächste Phase der Gründung bilden können. Möglichkeiten, Potenziale und Risiken der einzelnen Marketingmaßnahmen sollen vor dem Hintergrund der verschiedenen Gründungsphasen diskutiert werden. In besonderer Weise wird hierbei auf die „Neuen Medien" eingegangen, welche aus der heutigen Marketingpraxis nicht mehr wegzudenken sind. Zudem soll im Rahmen der vorliegenden Aufgabenstellung deren Wirksamkeit bezogen auf die Phasen der Unternehmensgründung untersucht werden. Erklärtes Ziel ist es, die Neugründung entsprechend positiv zu unterstützen, eine schnelle Marktdurchdringung zu erzielen und damit zum nachhaltigen wirtschaftlichen Erfolg zu führen. Die beispielhafte Unternehmung, die in dieser Arbeit betrachtet werden soll, ist die my-Kim GbR, eine real existierende Firma, die seit 2009 besteht. Es soll hier jedoch nur die Gründungsphase dieser Firma beleuchtet werden, beginnend bei der ersten Geschäftsidee bis hin zu den ersten Tagen nach der eigentlichen Gründungsphase. Dies geschieht lediglich fiktiv, denn die tatsächliche Gründung der Firma my-Kim in der Realität kann nicht mehr vollständig nachvollzogen werden, so dass für die Praxisschilderungen der vorliegenden Arbeit diese Art der retrospektiven Beschreibung zugrunde gelegt wird. my-Kim steht für „Kunst in mir" und wurde mit dem Ziel gegründet, Kindern bereits im Kindergartenalter ein Gefühl für Kreativität, Kunst und Kultur zu vermitteln. Die eigenständige Denkweise des Menschen soll bereits in dieser frühen Lebensphase gefördert werden. Dies soll als Grundlage für das Verständnis für Kunst und Kultur dienen sowie letztendlich auch der Philosophie, dass alles, was aus den Gedanken eines Menschen entspringt, Kulturgut ist und alles, was gedacht und über die menschlichen Kommunikationsmöglichkeiten wie Hände, Mund und Körper, direkt oder durch die Zuhilfenahme technischer Hilfsmittel in die Realität transferiert wird, Kunst darstellt oder zumindest gedanklich einen künstlerischen Hintergrund hat. Dieser künstlerische Aspekt ist es, der die eigene Handlungskompetenz fördern soll. Das Kind kann damit die Ideen, die es beschäftigen, in eine eigene Form und einen eigenen Ausdruck bringen. Der Slogan der Firma my-Kim wurde mit „Kunst bewegt Kinder" also treffend gewählt. my-Kim entwickelt, gestaltet und baut Produkte für Kinder, mit denen sie spielen können und mit deren Hilfe der kindlichen Phantasie Raum gegeben wird. Die Produkte und Kunstobjekte von my-Kim versuchen die Sinne der Kinder ganzheitlich anzusprechen und sollen damit deren ästhetisches Empfinden schulen. Mit der Zukunftswerkstatt „Atelier" möchte my-Kim eine professionelle Atelieratmosphäre schaffen, in der die Kinder ihre Ideen in eigne Werke umsetzen können. Mit Kunstobjekten in Kinderhäusern knüpft my-Kim dabei sogar an die Kulturgeschichte an, indem Raum für Geschichten und Bildungsarbeit gegeben wird. my-Kim entwickelt individuelle Konzepte und Lösungen, die auf die Bedürfnisse der jeweiligen Kinderräume abgestimmt sind. Der Anspruch der Gründer ist es, dass jede Planung und jede Konzeption eines neuen Produktes oder einer kompletten Bewegungslandschaft auch für sie selbst einen kreativen Schöpfungsprozess darstellt.

2 Grundlagen einer Unternehmensgründung im Kulturbereich

„Als Erfolg einer gelungenen Unternehmensgründung wird die nachhaltige Über-lebensfähigkeit des gegründeten Unternehmens gesehen. Zu den erfolgsrelevan-ten Gründungsfaktoren zählen das Gründungshandeln, die Gründungsperson und Gründungssituation sowie deren Beziehungen zueinander."[1] Oft zeigt es sich, dass die Unternehmensgründer Meister ihres Faches sind - bei der Herstellung eines Produktes oder bei der Arbeit im Rahmen einer Dienstleistung. Gleichzei-tig fehlen in vielen Gründungskonzepten jedoch Informationen darüber, ob ein Produkt oder eine Dienstleistung vom Markt überhaupt gewünscht wird und wie diese verkauft werden sollen. Es wird leicht übersehen, dass die Unternehmung vom Kunden nie allein, sondern als "komplexes Ganzes" gesehen werden. Aus diesem Grund ist es von Beginn an so wichtig, dem Unternehmen ein "Gesicht" zu geben und diese Identität systematisch, nachhaltig und einheitlich zu kommu-nizieren.

2.1 Von der Idee über das Konzept – Die ersten Gedanken

„Nichts auf der Welt ist so stark wie eine Idee, deren Zeit gekommen ist" (Victor Hugo).

Um eine Unternehmung zu gründen, die am Markt bestehen soll, ist eine tragen-de Geschäftsidee die Voraussetzung. Die Idee muss gründlich durchdacht werden, um die Unternehmung auf eine solide Basis zu stellen. Dazu ist es hilfreich zu reflektieren, welche Produkte und Dienstleistungen der Zielmarkt benötigt und in welcher Form er diese zur Verfügung gestellt bekommen möchte. Haben die potenziellen Nachfrager überhaupt einen Bedarf an den Gütern, die man anbieten möchte, und ist dieser groß genug, um ein Überleben von einem oder mehreren Anbietern zu sichern? Gerade diese Frage sollte ausführlich beantwortet werden,

---

[1] Grüner, Herbert, u.a.: Kreative gründen anders, Bielefeld 2009, S.184
[2] Berndt Ralph: Marketing 1 – Käuferverhalten, Marktforschung und Marketing-Prognosen, Ber-

denn ohne ein geeignetes Angebot und eine positive Antwort ist die langfristige Existenz der neu gegründeten Unternehmung in Frage gestellt. Wie sieht hierbei die Wettbewerbssituation aus? Ist das Angebot auf dem Zielmarkt bereits vorhanden oder besteht die Chance, mit einem Angebot auf den Markt zu gehen, das noch nicht, nur in geringem Maße oder etwa mit veränderten Spezifikationen oder Konditionen dort angeboten wird? Wie kann man die eventuellen Wettbewerber auf dem Zielmarkt einschätzen, starten diese einen Verdrängungswettbewerb oder sehen sie einem potentiellen Neueinsteiger eher gelassen gegenüber?

Auch die Frage nach dem Konzept der Finanzierung ist bereits in diesem frühen Stadium extrem wichtig. Steht die Neugründung auf finanziell soliden Füßen, oder wird es eine eher „wackelige Angelegenheit", weil keine ausreichenden finanziellen Mittel zur Verfügung stehen?

Die Idee von my-Kim ist es, Kindern bereits im Kindergartenalter ein Gefühl für Kunst und Kultur zu vermitteln, wie bereits an anderer Stelle erwähnt wurde. Dazu sollen unter dem Arbeitstitel „Zukunftswerkstatt Atelier" Produkte angeboten werden, welche die Kreativität von Kindern im Alter von 3 bis 12 Jahren fördern soll. Dabei soll es sich um die Produkte „Staffeleisystem", „Pinsel" und „Kunstsets" handeln, wobei jedes Produkt von Grund auf neu konzipiert werden soll und nicht mit den bekannten Produkten gleichen Namens vergleichbar ist. Das Staffeleisystem beispielsweise ist aufgebaut wie ein „Flip-Chart" aus Holz, dabei tragbar und kann sowohl auf dem Boden sowie auf dem Tisch aufgestellt, als auch an der Wand aufgehängt werden. Es bietet 2 simultan benutzbare Arbeitsplätze, ist leicht, hat Tragegriffe und ist dennoch stabil. Das Angebot „Pinsel" ist aus einem Y-förmigen Ast gefertigt, dessen Rinde entfernt wird und der statt Borsten eine Filzkugel trägt, mit dem die Farbe aufs Papier aufgebracht wird. Kinder können damit sowohl mit einer Hand als auch mit beiden Händen malen. Die Kunstsets orientieren sich an zeitgenössischen Künstlern, die für die jeweilige Kunstform, die mit den Sets vermittelt werden soll, die prägenden Köpfe waren. So soll das Set „Poetische Bilder" für Druck mit Holzformen HAP Grieshaber gewidmet werden, ein weiteres, das Farbwelten und malen zum Thema haben soll, dem Künstler Johannes Itten. Für ein weiteres Set, bei dem man einfache Holzscheiben mit Farbe zu einem Stillleben mit Früchten verwandeln kann, steht Paul Cézanne Pate. Des Weiteren ist ein Set in Angebot, aus dem man mit kreativen Formen ein Mobilée kreieren und bauen kann. Ziel all dieser Sets ist es, Formen und Farben erlebbar zu machen, die Ergebnisse selbst kreativ zu gestalten und ihnen somit einen individuellen künstlerischen Wert zu geben.

Die Marktgegebenheiten, sowie die Wettbewerbssituation wurden bereits mit Hilfe des Internets und Messebesuchen recherchiert. Die Methoden zur Gewinnung und Verarbeitung von Informationen über die Zielmärkte, ob es sich also um Primärstatistische oder um eine Sekundärstatistische Datengewinnung handelt, sollen an dieser Stelle nicht erläutert werden, da dies den Rahmen der Arbeit sprengen würde. Durch die oben angeführten Recherchen wurde nun ermittelt, dass es sich bei den Wettbewerbern vor allem um Kataloganbieter handelt, die Kindergärten und Krippen ausrüsten, jedoch keinen künstlerischen Hintergrund und Anspruch haben. Diese Anbieter haben zumeist mehr als 20 Mitarbeiter und sind damit auf ein breites Sortiment angewiesen, mit dem sie einen Massenmarkt bedienen müssen. my-Kim soll mit nur 2 Mitarbeitern gegründet werden und grenzt sich schon aus diesem Grund von den am Markt etablierten Unternehmen ab. Damit sind die Voraussetzungen geschaffen, individuelle Produkte für eine zu Anfang überschaubare Anzahl von Kunden preislich attraktiv anbieten zu können. Die geplante Mitarbeiterstruktur von my-Kim umfasste ursprünglich einen Geschäftsführer. Wie in Kapitel 4.5 jedoch beschrieben wird, musste aufgrund der Entscheidung einer „höheren Instanz" mit zwei Geschäftsführern gegründet werden. Einer der Geschäftsführer, eine Frau, ist Betriebswirtin und kommt aus der Unternehmensplanung, besitzt aber zudem eine pädagogische Ausbildung. Sie soll sich um die kaufmännischen Belange wie Vertrieb, Marke-

ting, Auftragsabwicklung und Kostenrechnung kümmern. Der andere Geschäftsführer ist als Schreiner und Sozialpädagoge ausgebildet und kümmert sich um
die Produktion, die Logistik und das Qualitätswesen. Die Produktentwicklung
soll von beiden Geschäftsführern verantwortet werden. Buchhaltung und juristische Fragen sollen ausgelagert und von Anfang an durch einen externen Steuerberater übernommen werden.

Über die finanziellen Gegebenheiten der Gründung in der Praxis ist hier nichts
bekannt. Aus diesem Grund soll vorausgesetzt werden, dass jeder Geschäftsführer Eigenkapital von € 10.000,- beisteuert. Damit ist für die Gründung Eigenkapital von € 20.000,- vorhanden und die Mehrheitsverhältnisse sind mit jeweils
50% ausgeglichen. Keiner der Geschäftsführer besitzt also die alleinige
Entscheidungsmacht. Nun sind solche ersten Überlegungen zwar notwendig, um
eine Unternehmensgründung überhaupt zu konkretisieren, vor der eigentlichen
Gründung sind jedoch noch weitere Schritte notwendig. So müssen die Überlegungen zunächst einmal in eine Struktur gebracht und schriftlich fixiert werden.
Durch diesen Schritt werden die Gründer nochmals dazu bewogen, im Detail
über ihr Vorhaben nachzudenken und so genau wie möglich auszuformulieren.
Die schriftliche Fixierung der Geschäftsidee bildet nun den Kern des Business-
plans und ist die Basis für alle weiteren Schritte der Unternehmensgründung.
Zudem sollte ein tragfähiger Businessplan auch bereits eine Umsatz- und
Kostenplanung beinhalten, die zumindest eine tendenzielle Entwicklung dieser
Nenngrößen in den ersten 3 bis 5 Jahren ab der Gründung darstellt. Zum einen
dient der Businessplan dem Zweck der Plausibilisierung der Geschäftsidee even-
tuellen Kapitalgebern gegenüber und zum anderen dient er der regelmäßigen
Kontrolle für die Unternehmensbetreiber selbst, um zu prüfen, ob sie mit ihrem
Handeln auf dem richtigen Weg sind. So sollten Zielformulierung, Maßnahmen
und Marktanalysen (Wettbewerbs- und Kundenanalysen) in regelmäßigen
Abständen durchgeführt werden, um die Positionierung des eigenen Unternehmens am Markt stets im Blick zu haben.

2.2 Branche und Markt – Die Rahmenbedingungen

„Als Markt wird die Gesamtheit der ökonomischen Beziehungen zwischen Anbietern und Nachfragern hinsichtlich eines Gutes/einer Gütergruppe innerhalb eines bestimmten Gebietes und eines bestimmten Zeitraumes bezeichnet".[2] Daher ist zunächst eine intensive Recherchearbeit zu leisten, um zu beurteilen, ob überhaupt ein Markt mit der Nachfrage nach der Produktidee besteht. Außerdem sollte man, eine ausreichend große Nachfrage nach den Produkten vorausgesetzt, recherchieren, ob sich bereits Anbieter von ähnlichen oder gar gleichen Produkten auf dem Markt befinden und ob in diese eventuell vorhandene Marktstruktur überhaupt eingebrochen werden kann. Die zu gründende Unternehmung fällt durch die Produkte und Dienstleistungen, die angeboten werden sollen, in den Bereich der Kreativwirtschaft. Die Standortwahl spielt für my-Kim jedoch im Gegensatz zu den meisten Neugründungen von Firmen im Kreativbereich keine besondere Rolle, da das Unternehmen zwar den gesamten deutschen Markt anspricht, die Produkte aber durch Kataloge und Internetshop ausgesucht und bestellt werden können. Den Versand sollen externe Dienstleistungsunternehmen übernehmen. Somit ist my-Kim flexibel in der Frage, wo der Sitz der Unternehmen sein soll. In diesem Fall wird beschlossen, den Sitz am Wohnort der Geschäftsführerin zu wählen. Die örtlichen Gegebenheiten können als Büro, Ausstellungsraum und Werkstatt sowie als Lagerraum genutzt werden. Somit müssen nicht einmal Räumlichkeiten angemietet werden, was die monatlichen Fixkosten deutlich schmälert.

2.3 Identifizierung von Wettbewerbsvorteilen
– Das Alleinstellungsmerkmal

„Kleinere Unternehmen sind eher in der Lage Nischen zu besetzen, die den Etablierten zu anstrengend sind und in ihrer Wertschöpfung zu gering erscheinen. Zudem arbeiten sie mit neuen Organisationsformen, die nicht nur geringere

---

[2] Berndt Ralph: Marketing 1 – Käuferverhalten, Marktforschung und Marketing-Prognosen, Berlin/Heidelberg 1990, S.15

Fixkosten verlangen, sondern auch (...) mehr Kreativität freisetzen."[3] Diese Definition würde für das Vorhaben von my-Kim bedeuten, dass die besten Voraussetzungen gegeben sind, um mit einem individuellen Angebot einen erfolgreichen Verlauf der Geschäftsentwicklungen zu verwirklichen. Es handelt sich um ein Kleinunternehmen, das mit seinen Produkten eine Nische im Markt besetzt, weil die Produkte von my-Kim individuell gefertigte Produkte sind, die nirgendwo sonst hergestellt werden. Auch sind die Fixkosten von my-Kim sehr gering, da zu Anfang der Geschäftstätigkeit Räume genutzt werden können, die sich im Eigentum der Geschäftsführerin befinden und die my-Kim daher zu einer niedrigen kalkulatorischen Miete überlassen werden können.

Zum anderen handelt es sich beim Produktangebot von my-Kim um ein Portfolio, das konkret auf die Bedürfnisse von Eltern und Kinderbetreuungsinstitutionen zugeschnitten ist, die ihre Kinder schon in frühem Alter mit Kunst und Kultur in Berührung bringen möchten und mit dessen Hilfe deren Kreativität fördern wollen. Durch die aufwändige Produktion und zahlreiche objektive Testverfahren können die Nutzer sicher sein, dass eine kindgerechte und giftstofffreie Verarbeitung gewährleistet ist. Jedes Produkt ist handgefertigt und wird nach den einzelnen Arbeitsgängen auf Qualität und Handhabbarkeit geprüft. Entspricht ein Produkt nicht den vom Hersteller geforderten Anforderungen, so wird nachgearbeitet oder das halbfertige Produkt entsorgt. Dabei soll eine Qualität erreicht werden, die kein Hersteller, der maschinell in Serie produziert, erzielen kann. Es ist also auch qualitativ ein Alleinstellungsmerkmal gegeben. Bei den Produktmaterialien von my-Kim handelt es sich ausschließlich um Holz und Filz. Die Pinsel werden aus gesammelten Ästen hergestellt, die Teile für die Kunstsets werden aus Holzscheiben ausgesägt und die Staffelei wird aus mehreren Holzschichten hergestellt, um ein witterungsbedingtes „Verziehen" der geraden und glatten Oberflächen zu vermeiden. Auch der Leim, die Farben und Lacke, die zur Erstellung der Produkte notwendig sind und vereinzelt auch den Kunstsets bei-

---

[3] Mandel Birgit: Die neuen Kulturunternehmer, Bielefeld 2007, S.30

gelegt werden, sind positiv auf gesundheitliche Unbedenklichkeit geprüft und entsprechen der höchsten Qualitätsstufe. Die produktspezifischen Voraussetzungen für eine erfolgreiche Marktdurchdringung wurden von den Gründern für die Angebotsseite bereits hinreichend durchdacht. Nun gilt es, den Marktteilnehmern dieses Angebot vorzustellen und schmackhaft zu machen, es also am Markt optimal darzustellen und damit das Unternehmen nachhaltig am Markt zu etablieren.

2.4 Darstellung nach Außen – Die Corporate Identity

„Corporate Identity ist ein Konstrukt, das die reale Komplexität und Veränderlichkeit eines Unternehmens unter der Idee der Kontinuität zusammenfasst."[4] Es geht also darum, die Visualisierung des Unternehmens für seine Umwelt bewusst zu gestalten und mit der Corporate Identity das auszudrücken, wie ein Kunde oder Nutzer der my-Kim Produkte die Firma my-Kim wahrnehmen soll. Eine „Corporate Identity als ein Gesamtprozess, der die Bildung von Unternehmens- und Produktmarke maßgeblich prägt, muss einen festen Platz in der strategischen Unternehmensführung einnehmen. Corporate Identity ist die Instanz, die die Glaubwürdigkeit und Integrität eines Unternehmens sicherstellt – beides Voraussetzungen dafür, um auf dem Feld der Kommunikation wirksame Beziehungen herstellen zu können."[5] Die Corporate Identity ist also der Grund dafür, dass eine Unternehmung und ihre Produkte auf dem Markt von anderen Unternehmen und deren Produkten auf den ersten Blick unterschieden werden können. Darin soll das Ziel und das Leitbild der Unternehmung visuell nach außen projiziert werden. Gewinnt ein Unternehmen und dessen Produkte durch die erarbeitete Corporate Identity eine eigene Identität und ein eigenes Profil, so wird es am Markt erlebbar und besitzt im Idealfall einen hohen Wiedererkennungswert. Eine optimale Darstellung nach außen funktioniert jedoch nur dann optimal, wenn die Corporate Identity auch im Unternehmen von den Mitarbeitern „gelebt" wird. Diese soll-

---

[4] Hadwinger, Norbert; Robert, Alexandre: Produkt ist Kommunikation, Bonn 2002, S.53
[5] Hadwinger, Norbert; Robert, Alexandre: Produkt ist Kommunikation, Bonn 2002, S.53

ten idealerweise in den Entstehungsprozess der Corporate Identity einbezogen werden, denn nur so ist eine hohe Identifizierung mit den Zielen, dem Leitbild und letztendlich mit der Corporate Identity gewährleistet.

my-Kim hat versucht, sein Leitbild und seine Philosophie in einem Firmenlogo auszudrücken, das aus einem einem Namens-Schriftzug besteht, der sich durch eine gewisse Leichtigkeit auszeichnet und handschriftlich, kreativ, künstlerisch und ursprünglich zugleich wirkt. Das Ziel war es, Wärme, Geborgenheit und Wohl-gefühl zu vermitteln.

Abbildung 1: Firmenlogo my-Kim

Hier wurde also versucht, das Logo und dessen Farbgebung auf die Philosophie und die Produkte von my-Kim abzustimmen und die Unternehmensmerkmale zur Zielgruppe zu transportieren. Aufbauend auf dem my-Kim Firmenlogo sollen nun die gesamte Betriebs- und Geschäftsausstattung in derselben Anmutung erarbeitet werden. Briefpapier, Visitenkarten, Notizblöcke, Präsentationen, Broschüren und Kataloge, Internetauftritt und sogar der my-Kim Lieferwagen sollen in derselben künstlerischen Art und Weise gestaltet werden. Auch die Messestandgestaltung und die Firmenschilder sollen dieses einheitliche Bild nach außen vermitteln. Wird in dieser Weise gehandelt, sollte der Bildung eines eigenständigen Profils und einer optimierten Wiedererkennbarkeit von my-Kim nichts mehr im Wege stehen.

3 Grundlagen des Marketing im Kulturbereich, orientiert an den Bedürfnissen der my-Kim GbR

Kulturmarketing ist die Kunst,

> „... jene Marktsegmente bzw. Zielgruppen zu erreichen, die aussichtsreich für das Kulturprojekt interessiert werden können, indem die entsprechenden Austauscheigenschaften (z.B. Preis, Werbung, Vertrieb, Service, usw.) dem künstlerischen Produkt bzw. der Dienstleistung möglichst optimal angepasst werden, um dieses mit einer entsprechenden Zahl von Nachfragern erfolgreich in Kontakt zu bringen und um die mit der allgemeinen Zielsetzung des Projektes in Einklang stehenden Ziele zu erreichen."[6]

Diese Definition von Kulturmarketing nach Colbert ist umfassend und zielgerichtet zugleich und soll deshalb als Leitgedanke für den weiteren Teil der vorliegenden Arbeit dienen. Im Folgenden soll nun wertungsfrei hinterfragt werden, wie die Vermarktungsstrategie von my-Kim versuchen sollte, das Interesse bei seinen Nachfragern zu wecken und ihnen das Produktangebot nahezubringen.

3.1 Sinn und Zweck von Marketing

Die klassische Aufgabe des Marketings ist „die Befriedigung von Käuferwünschen."[7] Das Verkaufen ist hierbei jedoch nur ein Teilbereich des Marketings. Vielmehr gehört die Analyse der Käufer, deren Vorlieben und Bedürfnisse dazu, sowie die sich daran orientierende Ausrichtung der von my-Kim angebotenen Produkte, um deren Nutzen für den Nachfrager zu maximieren. Dieses Ziel gilt es mit geeigneten Marketingmaßnahmen zu unterstützen, es soll also auf das Produktportfolio hingewiesen werden und damit Interesse an den Produkten geweckt werden. Um dies bestmöglich zu tun, empfiehlt sich stets ein simultaner Einsatz von verschiedenen Maßnahmen. Als passende und aussagekräftige Zusammenfassung (da offen formuliert) erscheint hier die Definition von Kotler und Bliemel, die sowohl die wirtschaftliche, als auch die in dieser Arbeit schwerpunktmäßig betrachtete kulturelle Zielrichtung des Marketing beleuchtet:

---

[6] Colbert, François: Marketing Culture and the Arts, Montreal 1994, S.22
[7] Kotler, Philip: Grundlagen des Marketing, München 1999, S.26

„Marketing ist also ein Prozess im Wirtschafts- und Sozialgefüge, durch den Einzelpersonen und Gruppen ihre Bedürfnisse und Wünsche befriedigen, indem sie Produkte und andere Dinge von Wert erzeugen, anbieten und miteinander austauschen."[8] Für den Nachfrager steht hier die Bedürfnisbefriedigung im Vordergrund, also die Frage nach dem eigenen Nutzen, der bei verschiedenen Individuen unterschiedliche Ausprägungen haben kann.

3.1.1 Marketing im Kulturbereich

Wie bereits erwähnt, wird der Begriff Marketing vor allem im industriellen wirtschaftlichen Kontext verwendet. Um nun die Brücke zum Kulturbereich zu schlagen, sollte man sich stets vergegenwärtigen, dass Menschen Produkte oder Leistungen nachfragen, um daraus eine bestimmte Nutzenwirkung für sich zu erzielen und damit ihre Bedürfnisse zu befriedigen. Produkte und Leistungen im betrachteten Fall sind künstlerische Produkte, welche die Kreativität von Kindern und damit deren Verständnis für Kunst und Kultur fördern. Somit kann der Begriff „Marketing" auch auf den Kulturbereich übertragen werden. Kulturmarketing hat also die Aufgabe, den Nachfragern ein Nutzenversprechen zu geben und dies auf eine Weise wahrnehmbar zu machen, dass sich diese dadurch angesprochen fühlen.

3.1.2 Die Nutzen-Dimensionen im Kulturmarketing

Speziell im kulturellen Bereich können in den meisten Fällen vier Nutzen-Dimensionen konkretisiert werden: der Kernnutzen, der soziale Nutzen, der affektive Nutzen und der Servicenutzen. Im Non-Profit-Bereich kann außerdem noch ein inhaltlicher Nutzen betrachtet werden. Dieser soll jedoch, da in der vorliegenden Arbeit keine Unternehmung aus dem Non-Profit-Bereich beschrieben wird, keine Rolle spielen.

---

[8] Diese Definition von Kotler/Bliemel: Marketing Management, 7. Aufl., wurde mit freundlicher Genehmigung des Schäffer-Poeschel-Verlags übernommen.

Kernnutzen

Jedes „Kulturprojekt" hat seinen Kernnutzen. Dies ist der künstlerische Anspruch der angebotenen Leistung. So könnte im vorliegenden Fall der Kernnutzen der Unternehmung my-Kim darin bestehen, seinen Nachfragern Produkte mit künstlerischem Hintergrund und kreativitätsbildender Absicht in qualitativ höchster Ausprägung anzubieten. Die Qualitätsstrategie wird es hier also sein, Produkte mit naturbelassenen gesundheitsunschädlichen Ausgangsstoffen zu fertigen, die in ihrer Anmutung individuell und praktikabel zugleich sind und eine hohe Lebensdauer haben. Der Gedanke, die Kreativität und das Verständnis für Kunst und Kultur bei Kindern im Kindergartenalter zu fördern ist der Leitgedanke für jedes der angebotenen Produkte. Der Bezug zur Kunst ist bei jedem Produkt des Angebots vorhanden. Beispielsweise sind Staffeleisystem und Pinsel notwendige Werkzeuge zur Ausübung einer künstlerischen Tätigkeit und die Kunstsets sind von bekannten Künstlern des 19. und 20. Jahrhunderts inspiriert.

Sozialer Nutzen

Natürlich wird ein Nachfrager geneigt sein, das für ihn am geeignetsten erscheinende Angebot auszuwählen. Dies betrifft nicht nur das wirtschaftliche Optimum, sondern auch die soziale Komponente. „Tue Gutes und rede darüber" ist das Motiv, das hier für viele Nachfrager eine tragende Rolle spielt. Mit den Produkten von my-Kim hat man neben den bereits erläuterten Produktzielen wie der Förderung der Kreativität und der frühestmöglichen Hinführung von Kindern zu Kunst und Kultur die Möglichkeit, etwas positives für die Gesellschaft zu tun. Man zeigt damit Verantwortungsbewusstsein und kann den Kindern gegenüber ein gutes Gewissen haben und anderen Eltern oder Institutionen die Produkte auch guten Gewissens weiterempfehlen. Bereits bei der Planung eines neuen Produkts steht dieser soziale Auftrag bei my-Kim im Vordergrund. Jedes angebotene Produkt hat also auch einen sozialen Auftrag und eine entsprechende Sozialstrategie wird vor allem diesen Aspekt in den Vordergrund stellen.

Affektiver Nutzen

Für die Käufer und Nutzer eines Produkts kann es von Bedeutung sein, welches Image und welchen Stellenwert ein Produkt besitzt. Demnach messen diese den am Markt angebotenen Produkte jeweils einen höheren oder weniger hohen Nutzen für sich bei. my-Kim hat den Ehrgeiz, sich in wenigen Jahren einen hervorragenden Ruf zu erwerben. Bei der affektiven Nutzenerfüllung liegt das Interesse der Nachfrager darin, dass sie ein Produkt mit hohem Ansehen nutzen und dass dies möglichst viele Menschen mitbekommen. Gerade durch einen exzellenten Ruf eines Produkts, einer Marke oder einer Firma kommt diesem affektiven Aspekt ein hoher Stellenwert zu. Die gesellschaftlichen Verpflichtungen sind hier in hohem Ausmaß gegeben. Auch das sollte im Rahmen einer Imagestrategie bei der Vermarktung der my-Kim-Produkte berücksichtigt werden.

Servicenutzen

Eine weitere wichtige Dimension für den Kundennutzen ist die Betreuung der Besucher und der Aufbau einer Beziehung zwischen Anbieter und Nachfrager. Da es sich bei den Nachfragern der Produkte von my-Kim hauptsächlich um Privatpersonen mit höherem Einkommen handelt, die ihren Kindern hochwertige Qualität bieten möchten, sowie um Institutionen der Kindererziehung, kommt der Betreuung dieses Personenkreises im Hinblick auf Fragen und Problemlösungen eine hohe Bedeutung zu. Da dieser Kundenkreis eine entsprechende Betreuung geradezu erwartet, muss dem bei einer entsprechenden Vermarktung durch eine entsprechende Servicestrategie Rechnung getragen werden. Außerdem ist der Nutzerkreis „Kind" und deren Gesundheit eines der kostbarsten „Güter" einer zukünftigen Gesellschaft und Volkswirtschaft, den es mit allen Mitteln zu schützen gilt. Demnach sollte die Serviceorientierung nicht erst nach Auslieferung des Produktes beginnen, sondern bereits bei der Planung und Entwicklung der Produkte.

Simultaner Einsatz der Nutzenstrategien

Es ist offensichtlich, dass für eine gelungene Vermarktung des Angebots von my-Kim nicht nur eine einzige Nutzenstrategie verfolgt werden sollte. Optimierte Ergebnisse und somit eine hohe Kundenzufriedenheit, erzielt man bei simultaner Anwendung aller vier beschriebenen Nutzenstrategien. Es sollten alle Nutzendimensionen der Nachfrager gleichzeitig angesprochen werden, um so weit wie möglich alle Dimensionen des Angebots in den Austauschprozess mit einzubeziehen.

3.2 Werkzeuge des Marketing

Um eine Unternehmung und deren Produkte erfolgreich am Markt zu platzieren und zu etablieren, sollte also ein zielorientiertes und effizientes Marketing angewendet werden. Dazu sollte man sich Maßnahmen und Handlungsalternativen erarbeiten, mit deren Hilfe man die Marktbearbeitung durchführt. Diese Maßnahmen und Handlungsalternativen des Marketings werden als Marketing-Instrumente bezeichnet. Allgemein werden diese in der klassischen Marketingtheorie in 4 Gruppen eingeteilt, in die Produktpolitik, die Preispolitik, die Kommunikationspolitik und die Distributionspolitik. Sortiments- und Servicepolitik werden häufig in die Produktpolitik integriert, da sie abhängig von den angebotenen Produkten sind. Im Folgenden sollen die einzelnen Marketing-Instrumente im Hinblick auf die Unternehmung my-Kim kurz erläutert werden.

3.2.1 Produktpolitik

„Im Rahmen der Produktpolitik sind vielfältige Handlungsalternativen gegeben, wie z.B. die Entwicklung neuer Produkte, die Produkt- und Verpackungsgestaltung sowie Namensgebung, die Produktdifferenzierung, die Produktvariation oder die Herausnahme von Produkten aus dem Markt (Produkteliminierung)"[9]. Es handelt sich also hierbei um eine Komponente des Marketings, die unbedingt

---

[9] Berndt Ralph: Marketing 2 – Marketing-Politik, Berlin/Heidelberg 1990, S.11

bereits während des Gründungsprozesses einer Unternehmung gut geplant werden sollte, denn jede Unternehmung steht und fällt mit den Produkten, die sie auf dem Zielmarkt anbieten möchte. Auch die Planung von my-Kim wurde von der Produktseite inspiriert, da den Gründerpersonen am Herzen lag, Produkte für Kinder anzubieten, die bis zum Zeitpunkt der Gründung von keinem anderen Hersteller mit dieser Philosophie und in dieser Art angeboten wurden. Die Produkte von my-Kim sind individuell, umweltfreundlich und kindgerecht und fördern Kreativität und künstlerisches Denken. Auch für die Verpackungsgestaltung dienen diese Attribute als Leitgedanke. Sie besteht aus Kartonage und bedrucktem Papier. Die Verpackung für den Pinsel bietet sogar ein großes Sichtfenster, das eine freie Sicht auf das Produkt erlaubt, sowie außerdem die Möglichkeit, das Produkt anzufassen und haptisch zu erfühlen. Über Produktdifferenzierung, -variation und -elimination kann in einem zweiten Schritt nachgedacht werden, in den Momenten vor und während der Gründung gilt es lediglich, die Produkte auf den Markt zu bringen. Die Beobachtung des Produktlebenszyklus jedes angebotenen Produkts gibt zukünftig Auskünfte über die Zeitpunkte, zu denen die Produkte differenziert (Varianten des Produkts kommen auf den Markt), variiert (Eigenschaften des Produktes werden verändert) oder gar vom Markt genommen werden sollten.

„Gegenstand der Sortimentspolitik ist die Frage, welche Produkte in welchen Mengen in einer Planungsperiode produziert und abgesetzt werden sollen."[10] Dazu wird bei my-Kim ein Absatzplan erstellt, indem die geplanten Umsätze aufgrund von Aufträgen und Interessentengesprächen den Produktionskapazitäten gegenübergestellt werden. Übersteigt die Nachfrage die Kapazität der Produktionsmittel, muss entweder mengenmäßig reglementiert oder bei langfristiger Übernachfrage die Produktion vergrößert werden.

„Im Rahmen der Servicepolitik ist u.a. über die Gestaltung des Kundendienstes zu befinden."[11] Bezüglich der Kulanz-, Gewährleistungs- und Garantiekonditio-

---

[10] Berndt Ralph: Marketing 2 – Marketing-Politik, Berlin/Heidelberg 1990, S.11
[11] Berndt Ralph: Marketing 2 – Marketing-Politik, Berlin/Heidelberg 1990, S.11

nen bei my-Kim sind die gesetzlichen Regelungen zugrunde zu legen. Je nach Servicebedarf oder Grad der Beschädigungen von reklamierten Produkten wird innerhalb der gesetzlichen Gewährleistungspflicht darüber entschieden, ob das Produkt instandgesetzt oder ausgetauscht wird.

3.2.2 Preispolitik

„Bei der Preispolitik liegen die wesentlichen Handlungsmöglichkeiten in der Höhe des geforderten Preises, einer Preisvariation bei einer Änderung der entscheidungsrelevanten Daten und einer Preisdifferenzierung (eventuell im Zusammenhang mit einer Produktdifferenzierung bzw. in zeitlicher Hinsicht)."[12] Für die Unternehmung my-Kim bedeutet dies, dass sie im Vorfeld der Markteinführung Preise für die angebotenen Produkte evaluieren sollte, die zum einen wettbewerbsfähig (vergleichbar mit Preisen bereits am Markt befindlicher ähnlicher Produkte) und auf der anderen Seite die Kosten ihrer Produktion decken soll. Zudem soll durch den Verkauf der Produkte ein Gewinn erwirtschaftet werden, der zur Existenzsicherung der Gründer dient und außerdem in die Entwicklung neuer Produkte fließen soll. Um beide Ziele ausreichend erfüllen zu können, sollte eine Überdeckung der Produktionskosten angestrebt werden.

Da es sich bei den Produkten von my-Kim um individuelle Produkte handelt, die nicht auf einem Massenmarkt angeboten werden, sondern die eher als Nischenprodukte für einen spezifischen Markt zu bezeichnen sind, sollte ein gewinnmaximierender betriebswirtschaftlicher Ansatz verfolgt werden. Auf Preise von Wettbewerbsprodukten muss in diesem Falle kein allzu großer Wert gelegt werden, da eine Vergleichbarkeit nicht grundsätzlich gegeben ist. Bei den von my-Kim angebotenen Produkten kann also von einer nutzenorientierten Preissetzung ausgegangen werden, bei der die Wertvorstellungen und Nutzenerwartungen der Nachfrager von entscheidender Bedeutung für die Preisfindung sind. Sollte sich dennoch im Laufe der Zeit durch einen Umsatz- und Gewinnrückgang herausstellen, dass der Preis für das eine oder andere Produkt zu hoch sein sollte,

---

[12] Berndt Ralph: Marketing 2 – Marketing-Politik, Berlin/Heidelberg 1990, S.11

kann durch eine Preisvariation, in diesem Fall eine Preisreduktion angewendet werden, um den Umsatz und den Gewinn wieder zu steigern.

3.2.3 Kommunikationspolitik

„Gegenstand der Kommunikationspolitik sind die Entscheidungen über die Gestaltung von Informationen und die Art der Übermittlung von Informationen, die auf den Absatzmarkt gerichtet sind, um vorgegebene kommunikationspolitische Ziele zu erreichen. Verschiedene Arten der Kommunikationspolitik können unterschieden werden:

- Die Absatzwerbung,
- das Productplacement,
- das Sponsoring,
- die Direct Communications und
- die Corporate-Identity-Policy.

Allen diesen Unterarten der Kommunikationspolitik sind jeweils diverse Handlungsmöglichkeiten gegeben bei der Werbung z.B. mit der Gestaltung der Werbemittel und der Auswahl der Werbeträger"[13], wobei die Werbemittel die individuellen Werbemaßnahmen und die Werbeträger die Kommunikationskanäle bezeichnen sollen, über die Werbemaßnahmen durchgeführt werden. Bei den Werbemaßnahmen, die bei my-Kim im Vorfeld überlegt wurden handelt es sich in erster Linie um Produktbroschüren, Kataloge und einen Internetauftritt, der sowohl einen Image- und Philosophieteil als auch einen Internet-Shop bereitstellen soll. Diese Maßnahmen sollen die Neukunden-Ansprache per Telefon flankieren. Falls mit einem Telefonanruf das Interesse der potentiellen Kunden geweckt wird und diese mehr über my-Kim und deren Produkte wissen möchten, können sie sich in Ruhe über die Internetseite oder den Produktkatalog detaillierter informieren. An anderer Stelle hält sich my-Kim bei der Neugründung mit der Werbung noch zurück. Im Laufe dieser Arbeit soll diskutiert werden, ob weitere

---

[13] Berndt Ralph: Marketing 2 – Marketing-Politik, Berlin/Heidelberg 1990, S.11

Werbemaßnahmen gerade vor oder während der Gründungsphase interessant sein können und welche das sind.

3.2.4 Distributionspolitik

„Im Rahmen der Distributionspolitik sind alle betrieblichen Aktivitäten festzulegen, die darauf gerichtet sind, eine Leistung vom Ort ihrer Entstehung - unter Überbrückung von Raum und Zeit - an jene Stellen zu bringen, wo sie in den Verfügungsbereich der Nachfrager übergeht."[14] Die Philosophie von my-Kim möchte mit seinen Produkten jedem Kind im entsprechenden Alter einen Zugang zu Kreativität, Kunst und Kultur eröffnen. Dazu ist es notwendig, die Kontaktpersonen, die mit den Kindern in diesem frühen Alter in Kontakt sind, anzusprechen und von der Qualität der Produkte zu überzeugen. Der Distributionskanal, der von my-Kim in erster Linie angegangen werden möchte, ist den Kindern seine Produkte über die Erziehungsinstitutionen wie Kindergärten, Kindertagesstätten und Krippen zugänglich zu machen. Es wird nun also beabsichtigt, in einem ersten Schritt die verantwortlichen Personen dieser Institutionen anzusprechen und einen Besuchstermin zu vereinbaren. Mit Musterprodukten und Informationsmaterialien soll diesen Personen die hohe Qualität und die Philosophie des Hauses vorgestellt werden. Beim Besuchstermin können die anwesenden Kinder mit den Produkten in Berührung kommen und diese sozusagen gleich ausprobieren. Werden die Produkte von diesen gemocht, ist dies das beste Argument für den Einsatz der Produkte in den Institutionen.

Diese Art der Distribution schränkt natürlich den Absatz ein, da die Besuche aufgrund der fehlenden personellen Kapazität zunächst regional stattfinden werden. Um eine weitere Streuung der Produkte zu erreichen, sollte entweder Personal aufgestockt werden, oder es müssen andere Vertriebs- und Verkaufskanäle überlegt werden, die ähnlich personenbezogen orientiert sind. Auf der anderen Seite ist beispielsweise angedacht, mit spezialisierten Kataloganbietern zu kooperieren und my-Kim Produkte über eine eigene Rubrik in deren Katalogen zum

---

[14] Berndt Ralph: Marketing 2 – Marketing-Politik, Berlin/Heidelberg 1990, S.332

Versand anzubieten. Für die Kunst-Sets beispielsweise werden als mögliche Absatzkanäle die Shops in Kunstmuseen aufgebaut.

3.3 Nutzung der Neuen Medien

Die in Kapitel 3.2 vorgestellten Werkzeuge des klassischen Marketings haben ihren Ursprung in einer Zeit, in der Medien wie E-Mail und Internet (zumindest für die breite Bevölkerung) nicht zugänglich waren. Diese „Neuen Medien" hatten ihren Ursprung zwar bereits in der zweiten Hälfte des vergangenen Jahrhunderts, doch zur Verbreitung und Nutzung in weiten Teilen der Bevölkerung kamen sie erst in den letzten fünfzehn bis zwanzig Jahren. Als Neue Medien werden nun Medien bezeichnet, die Daten in digitaler Form übermitteln oder die zumindest auf digitale Daten zugreifen. Diese Medien sind beispielsweise E-Mail, Internet, DVD, CD-ROM, usw. In der vorliegenden Arbeit werden als Neue Medien lediglich die Medien bezeichnet, die mit Hilfe von Computertechnologie über das Internet verarbeitet werden können. DVD und CD-ROM sind Medien zur Datenspeicherung und werden adäquat zu Speicherbausteinen in Computern oder zu externen Festplatten gesehen, die lediglich die zu verarbeitenden Daten bis zum Abruf vorhalten.

3.3.1 Das Internet

Das Internet ist ein weltweites Netzwerk, dass aus vielen Rechnernetzwerken besteht, durch die Daten ausgetauscht werden. Durch die Nutzung des Internets ist auch der Zugang zu Sozialen Netzwerken wie Facebook, Twitter, XING, LinkedIn und anderen Kommunikationsplattformen dieser Art gegeben. Außerdem können internetbasierte Seminare, sogenannte „Webinare" über Skype oder andere Technologien zur Informationsübermittlung benutzt werden.

Zunächst einmal sollte zur Informationsverbreitung eine Unternehmenswebsite auf-gebaut werden, über die sich Interessenten über die Philosophie und das Produktangebot von my-Kim informieren können. Diese sollte im Stil der my-Kim

Corporate Identity gehalten werden. Außerdem kann über Internet-Anzeigen auf anderen Websites auf die Firmenwebsite von my-Kim aufmerksam gemacht werden. Dies ist jedoch ein finanzieller Aufwand, der sich nur lohnt, wenn bereits eine attraktive und aussagekräftige Unternehmenswebsite besteht, auf die verlinkt werden kann. Es gibt Anbieter, die sich gegen eine Gebühr um eine optimale Verbreitung dieser Internetanzeigen kümmern.

Hat man eine eigene Firmenwebsite aufgebaut, sollte man zur Kontrolle von Zugriffen und vor allem zur Steuerung der Zugriffe durch Suchbegriffe Messwerkzeuge einrichten. Ein recht tauglicher Vertreter ist hier „Google Analytics". Über ein verbundenes Webseiten-Tool, „Google Adwords", kann man auch kleine Werbeanzeigen verbunden mit Schlüsselwörtern (sogenannten Keywords) in Kampagnen hinterlegen, die dafür sorgen sollen, die Unternehmenswebsite bei einer Google-Suche auf der ersten Seite -am besten sehr weit oben- gefunden werden kann. Es sei kurz entschuldigt, dass hier als Beispiel die Firma Google genannt wurde, jedoch handelt es sich hier um den mit weltweit rund 70% aller Suchanfragen meist genutzten Suchdienst im Internet, der zusammen mit anderen Suchdiensten wie Yahoo, Ask oder Bing fast 100% der Internetsuchdienste abdeckt.

Ein weiterer Absatzkanal und Werbeträger stellt das Affiliate-Marketing dar. „Affiliate-Systeme (engl. affiliate „angliedern") sind internetbasierte Vertriebslösungen, bei denen meistens ein kommerzieller Anbieter (Merchant) seine Vertriebspartner (Affiliates) erfolgsorientiert durch eine Provision vergütet. Der Produktanbieter (Merchant) stellt hierbei seine Werbemittel zur Verfügung, die der Affiliate auf seinen Seiten zur Bewerbung der Angebote des Kooperationspartners verwenden oder über andere Kanäle, wie Keyword-Advertising oder E-Mail-Marketing einsetzen kann."[15] Hier ist also eine effiziente Form des Marketings über die Neuen Medien gegeben, die Wettbewerbsvorteile durch die Interaktivität des Mediums Internet bietet. Ähnlich wie bei my-Kim bereits Über-

---

[15] Lammenett, Erwin: Praxiswissen Online-Marketing, GWV Fachverlage GmbH, Wiesbaden 2006, S.23 ff.

legungen bestehen, einen Abschnitt in Katalogen von Kataloganbietern zu belegen, sollte auch dieser Distributionskanal mit geeigneten Partnern genutzt werden, um eine möglichst schnelle Marktdurchdringung zu erzielen.

3.3.2 Elektronische Post via E-Mail

Kann man auf eine Adressdatenkartei zurückgreifen, die auch E-Mail Adressen beinhalten – sei es aus von externen Agenturen zugekauften Adressendatenbeständen oder aus dem eigenen Adressbestand – bietet sich als Marketinginstrument außerdem der E-Mail Versand an. Dies ist ein geeignetes Mittel, um aus Gründen der Bekanntmachung und der Werbung geeignete Zielgruppen direkt anzusprechen. Auch kann durch die Pflege der E-Mail Kontakte durch gezielte Kommunikation die Kundenbindung verbessert werden. Dabei könnte man sich Marketingkampagnen und Newsletter mithilfe der E-Mail Technologie vorstellen, um seine Zielgruppen auf ein neues Produkt aufmerksam zu machen. Heutzutage sind E-Mails aufgrund der hohen Bandbreiten der Datenleitungen nicht mehr nur darauf beschränkt, Informationen ausschließlich in Textform anzubieten. Moderne E-Mails enthalten Bildmaterial und eventuell auch kleine Filme, die das zu bewerbende Produkt in seiner ganzen Vielfalt und Schönheit darstellen können. Die Vorteile liegen auf der Hand: die Informationsverbreitung geschieht schnell und günstig und die Zielpersonen haben die Möglichkeit, sich einen umfassenden Eindruck über das Produkt zu verschaffen und sofort auf die erhaltenen Informationen zu reagieren. Hierbei sollte jedoch nicht der Nachteil verschwiegen werden, dass viele E-Mails ungeöffnet im Papierkorb verschwinden und manche Zielpersonen überhaupt kein Interesse daran haben, Informationen per E-Mail zu erhalten. Umso wichtiger ist es, in der Betreffzeile interessante Begriffe einzusetzen, auf die Personen der Zielgruppe besonders stark reagieren.

Eine weitere Möglichkeit der Informationsverteilung durch E-Mails ist der Versand von Einladungen zu Webinaren (Anm. d. Verf.: dies sind Seminare, die über geeignete Internetplattformen angeboten werden, siehe Kapitel 3.3.4). Diese E-Mails enthalten im Idealfall einen Link auf ein spezielles Formular innerhalb einer Unternehmenswebsite, über die sich Interessenten direkt für das beworbene Webinar registrieren können. Sie bekommen daraufhin eine E-Mail mit den Zugangsdaten zur Webinar-Plattform als Bestätigung und sind damit automatisch zur Teilnahme am Webinar gebucht. Zur besagten Zeit müssen sie sich dann nur noch in die Plattform einloggen. Dies ist für Interessenten ein sehr bequemes Mittel, sich Informationen interaktiv und aus erster Hand direkt vom Hersteller zu beschaffen.

3.3.3 Soziale Netzwerke

Soziale Netzwerke im Internet erfreuen sich seit einigen Jahren immer größerer Beliebtheit. Soziale Netzwerke sind Kommunikationsplattformen, auf denen sich die Mitglieder innerhalb selbst definierter Gruppen untereinander austauschen und informieren können. Hierbei kann man unterscheiden, ob es sich um eine sogenannte „Business-Plattform" handelt, auf der sich hauptsächlich geschäftliche Kontakte einschreiben, um sich ein Netzwerk zu schaffen, auf das im Bedarfsfall zuzugreifen ist, wenn man ein geschäftliches Ziel verfolgt. Beispiele für solche geschäftlich animierten Sozialen Netzwerke im Internet, die auch von my-Kim genutzt werden können, sind die deutsche Plattform „XING" oder sein amerikanisches Pendant „LinkedIn". Zum anderen gibt es viele Sozialen Netzwerke im Internet, die als Zielgruppe Privatpersonen haben, die sich in verschiedenen Gruppen zusammenschließen, um sich die neuesten Geschehnisse aus ihrem Leben mitzuteilen. In Deutschland, dem Zielmarkt von my-Kim sind das hauptsächlich die Plattformen „Facebook" und „Twitter". „Facebook" wird in letzter Zeit immer häufiger von Unternehmen genutzt und baut daher seine Nutzergruppe, die bislang aus eher privaten Anwendern bestand aus. Gerade diese Expansion könnte auch für my-Kim interessant sein, werden doch durch die angebotenen Produkte Institutionen der frühkindlichen Erziehung sowie junge anspruchsvolle Eltern gleichermaßen angesprochen. Immer stärker wird auch das Soziale Netzwerk „What'sApp" genutzt, dieses hierzulande aktuell jedoch noch vorwiegend auf Smartphones und Mobiltelefonen.

All diese Sozialen Netzwerke könnte sich my-Kim für die schnelle Durchdringung des Marktes mit gezielten Informationen zunutze machen, um auf sich und seine Produkte aufmerksam zu machen. Dafür notwendig ist lediglich, sich bei den jeweiligen Plattformen ein eigenes Profil zu erstellen, über das man innerhalb dieser Plattformen sichtbar ist. Diese Maßnahmen sollten sich selbstverständlich wieder an der firmeneigenen Corporate Identity orientieren, um die Wiedererkennbarkeit zu gewährleisten und zu steigern. In regelmäßigen Abständen kann dann über my-Kim, deren Philosophie oder deren Produkte informiert, „gepostet" oder „getwittert" werden.

Ein anderer wichtiger Aspekt könnte aber hier auch eine nicht unerhebliche Rolle spielen, nämlich die Mitarbeitersuche über diese Sozialen Netzwerke. Sowohl auf den Business-Plattformen als auch auf den Plattformen für Privatpersonen werden von den Nutzern soviele persönliche Daten preisgegeben, dass man berufliche Werdegänge oder Vorlieben der Personen direkt ersehen kann. Somit können im Bedarfsfall geeignete Kontakte direkt über diese Plattformen pro-aktiv angesprochen werden, um sie für eine Mitarbeit bei my-Kim zu begeistern.

3.3.4 Seminare übers Internet: Webinare

Seit einigen Jahren werden auch Seminare im Internet angeboten, die über die computereigenen Ausgabemedien Bildschirm und Lautsprecher zum Nutzer übertragen werden. Da es sich um Seminare handelt, die im Internet angeboten werden, also „web-basiert" sind, hat man für diese Art der Informationsübermittlung den aus den Medienformen „WorldWideWeb" und „Seminar" zusammengesetzten Namen „Webinar" gewählt. Die international bekanntesten Webinarplattformen sind „Webex" von Cisco und „GoToMeeting" von Citrix. Außerdem kann in abgespeckter Version auf die kostenneutrale Plattform „Skype" zurückgegriffen werden. Gehalten werden diese Webinare von einem Moderator. Dieser hat die Möglichkeit, sowohl nur das gesprochene Wort an die Nutzer zu richten, als auch parallel eine Präsentation am Bildschirm zu zeigen. Zudem kann er in diese Präsentation interaktiv eingreifen, indem er wichtige Komponenten mit einem visuellen Marker kennzeichnet oder mit einem visuellen Laserpointer anzeigt. Auch die Webinar-Teilnehmer können hier aktiv werden, indem sie beispielsweise Fragen stellen oder miteinander diskutieren. Somit sind in einem Webinar grundsätzlich alle Möglichkeiten der Informationsübermittlung gegeben wie in einem „normalen" Seminar, indem die Nutzer vor Ort in einem Raum zusammensitzen. Was nicht geboten werden kann ist der direkte Kontakt „Mensch zu Mensch". Gerade dieser Kontakt kann aber für die Informationsvermittlung wichtig sein, da die nonverbale Kommunikation durch Gesten, Haltung und Gesichtsausdruck zum Teil Schlüsse darüber zulässt, ob die Informationen angekommen sind und wie sie aufgenommen werden. Sitzt nun der Moderator vor seinem Computer und übermittelt Informationen zu den Nutzern an den Bildschirmen am anderen Ende der Leitung, kann er sich nie sicher sein, ob die Informationen dort auch ankommen und wie sie aufgenommen werden. Er hat auch keine Kontrolle darüber, ob die Nutzer überhaupt noch an ihren Bildschirmen sitzen. Einzig und allein Zwischenfragen und deren Beantwortung sowie Diskussionen erlauben dies. Aus diesem Grunde ist ein Webinar zwar eine Medienform, die eine Kommunikation und somit eine Informationsverteilung erlaubt, die jedoch dem Risiko unterliegt, dass sie aus Monologen besteht. Aus diesem Grund sollten bei dieser Kommunikationsform einige Kontrollinstrumente eingebaut werden. Dabei läuft der Workflow wie folgt ab: aufgrund bekannter E-Mail Adressen werden im Rahmen einer E-Mail Kampagne Einladungen zu einem Webinar versendet. Diese Einladungen enthalten einen Link, der die Empfänger bei Klick auf eine Internetseite führt, die ein Kontaktformular zeigt, das extra für die Anmeldung zu diesem Webinar geschaffen wurde. Werden mehrere Webinare zu unterschiedlichen Terminen angeboten, kann ein Feld zur Auswahl dieser Termine eingefügt werden. Hat der Interessent die Felder ausgefüllt und die Daten durch Klicken auf „Absenden" zurückgeschickt, werden diese Daten automatisch in der Interessentendatei abgespeichert. Dem Interessent geht gleichzeitig automatisch eine Teilnahmebestätigung für das Webinar zu, indem

Zeit und Inhalt des Webinars vermerkt sind und die Zugangsdaten, mit denen sich der Interessent kurz vor Start des Webinars über die Internetplattform einloggen kann. 1 Tag vor dem Webinar kann die Teilnahme bei jedem Interessenten telefonisch abgefragt werden, er also nochmals an den Termin erinnert werden. Sollte sich ein registrierter Teilnehmer bei Beginn des Webinars noch nicht eingeloggt haben, kann man durch telefonische Kontaktaufnahme erfahren, ob er die Teilnahme vergessen hat, zu spät ist oder den Termin nicht einhalten kann. Dabei kann auch gleich ein neuer Termin abgesprochen werden, bei dem eine Teilnahme möglich ist. Aus eigener Erfahrung werden sich immer mehr Interessenten anmelden, als letztendlich am Webinar teilnehmen. Durch die dargestellte pro-aktive Kommunikationsaufnahme per Telefon kann dieser „Fehl-Faktor" jedoch minimiert werden. my-Kim sollte über diese Form der Informationsübermittlung unbedingt nachdenken, denn gerade um Informationen aus erster Hand an Interessenten zu vermitteln ist das Medium Webinar sehr interessant. Im Verlauf der weiteren Geschäftstätigkeit kann dies außerdem als geeignetes Instrument der Kundenbindung angesehen werden.

3.4 Guerilla-Marketing

„Beim Guerilla-Marketing handelt es sich um eine Art des Marketings, die häufig eine andere Form annimmt und bei der eine Marke so herüber gebracht und der gewünschten Personengruppen völlig unerwartet so präsentiert wird, dass der einzelne sich persönlich angesprochen fühlt."[16] Guerilla-Marketing bezeichnet also mehr eine Philosophie als konkrete Marketingmaßnahmen. Sie ist überraschend und anders, unberechenbar, frisch, ironisch und sollte stets einen Schritt voraus sein. Natürlich setzt gutes Guerilla-Marketing ein gutes und präzises Planen voraus, konfuse Aktionen, bei denen kein konkretes Ziel verfolgt wird, ist nicht Guerilla-Marketing, sondern einfach nur „Geld vernichtet".

„Guerilla-Marketing hat in den vergangenen Jahren aus folgenden Gründen verstärkt an Bedeutung gewonnen: Laut unterschiedlichen Studien wird der durch-

---

[16] Margolis, Jonathan und Garrigan, Patrick: Guerilla Marketing für Dummies, Weinheim 2010, S.35

schnittliche Verbraucher heutzutage multimedial mit ca. 3.000 Werbebotschaften pro Woche „überflutet". Doch an die wenigstens kann er sich anschließend erinnern. Eine beliebige Werbung bleibt kaum noch jemandem in Erinnerung. (...) Genau hier setzt Guerilla-Marketing an. Zusätzlich stehen viele Unternehmen verstärkt in der Pflicht mit kleineren Budgets immer größere Wirkungen zu erzielen. Mit Idee statt Budget wird die gewünschte Verschiebung vom Werbevolumen hin zur Werbewirkung erzielt."[17] Es gilt also mit möglichst wenig Aufwand genau die geplante Zielgruppe anzusprechen und das mit kreativen und unberechenbaren Mitteln. Dabei ist Guerilla-Marketing nicht von den verwendeten Medien abhängig, sondern lebt von der Idee, die sich dahinter verbirgt.

Guerilla-Marketing kann offline, online, mobil oder auch medienübergreifend ausgeführt werden. „Dabei führt eine geschickte Verknüpfung verschiedener Medien und Einbindung in bestehende – durchaus auch „klassische" – Marketingaktivitäten zu einer erheblichen Steigerung der Effizienz sämtlicher Maßnahmen."[18] Aufgrund seines Erfolges hat sich Guerilla-Marketing bei vielen Unternehmen bereits fest im Marketing-Mix etabliert. Dabei spielt es keine Rolle, ob die Zielgruppe der Unternehmen eher junge oder ältere Bevölkerungsschichten, eher konservative oder kreative Konsumenten anspricht. Auch my-Kim sollte Guerilla-Marketing Aktionen in seinen Marketing-Mix einbauen, beispielsweise könnte eine Malaktion mit my-Kim Produkten in Fußgängerzonen großer Städte für Aufsehen und Bekanntheit der Marke und deren Produkte sorgen.

3.5 Marketing-Controlling

„Objekte der ergebnisorientierten Marketing-Kontrolle sind die Resultate der realisierten Marketing-Strategien und -Politiken; typische Kontrollgrößen sind der erreichte Umsatz, Marktanteil oder Gewinn sowie das Image. Dabei werden Soll-Ist-Vergleiche vorgenommen: Die Größen die im Rahmen der Planung prognostiziert oder als wünschenswert festgelegt worden sind, werden mit den

---

[17] Holzapfel, Felix: Guerilla Marketing - Online, Mobile und Crossmedien, S.8
[18] Holzapfel, Felix: Guerilla Marketing - Online, Mobile und Crossmedien, S.9

Größen verglichen, die tatsächlich eingetreten bzw. realisiert worden sind."[19] Für das Marketing-Controlling sind aufgrund des Soll-Ist-Vergleichs also Planzahlen zwingend notwendig. Sinnvollerweise sollte eine Gegenüberstellung von Soll- und Ist-Größen bereits im Gründungszeitraum in kleineren Zeitabständen erfolgen und nicht erst im späteren Geschäftsbetrieb nach erfolgreich absolvierter Gründungsphase. Eine regelmäßige Kontrolle einmal im Monat kann hier durchaus als realistischer Wert angesehen werden. Das Marketing-Controlling sollte nicht nur die finanziellen Aspekte betrachten, sondern auch die Einhaltung von elementaren Werten wie beispielsweise Unternehmensleitbild und -philosophie, Planungsprämissen und Organisation der Unternehmung. Gerade während der Gründungsphase sollten die Geschäftsführer von my-Kim dem Abgleich von Soll- und Ist-Größen einen hohen Stellenwert zuschreiben, um Abweichungen von den oben genannten finanziellen und ethischen Größen schnell zu bemerken und gegebenenfalls kurzfristig und wirksam gegensteuern zu können.

---

[19] Berndt Ralph: Marketing 3 – Marketing-Management, Berlin/Heidelberg 1991, S.109

4 Optimierung der Gründungsphasen durch geeignete Marketingstrategien unter besonderer Berücksichtigung der neuen Medien am Beispiel der my-Kim GbR

In den bisherigen Kapiteln dieser Arbeit wurde ein Überblick über die Grundlagen einer Unternehmensgründung im Kulturbereich und über geeignete Marketingmaßnahmen gegeben, welche im Rahmen einer Gründung für eine schnellere Marktdurchdringung und Bekanntmachung von Unternehmen und Produkten von Nutzen sein können. Im weiteren Verlauf soll am konkreten Beispiel der Firmengründung von my-Kim diskutiert werden, welche Marketinginstrumente und Marktbearbeitungsmaßnahmen tatsächlich geeignet sind, um die Gründung in jeder ihrer Einzelphasen optimal zu unterstützen. Dabei soll in jeder Phase auf die Nutzung der Neuen Medien eingegangen werden, die als Multiplikatoren von klassischen Marketingmaßnahmen fungieren und für eine schnellere Marktdurchdringung sorgen sollen. Dazu wird zu Beginn in einem kurzen Exkurs anhand von Tabellendarstellungen der Status Quo des Zugangs zum Datennetz in Deutschland erläutert, der es überhaupt erst ermöglicht, Online-Medien zu nutzen. Vorwegnehmend soll an dieser Stelle bereits bewertet werden, dass die Nutzung von Neuen Medien zu Zwecken der Unternehmensdarstellung und der Kunden- und Interessentenansprache in den letzten Jahren immer zweckmäßiger geworden ist, da eine genügend große Anzahl der Zielgruppe von my-Kim das Internet tatsächlich auch nutzt.

In den weiteren Ausführungen werden regelmäßig auch Zeitsprünge in die Gegenwart erfolgen, da das Unternehmen my-Kim bereits seit einigen Jahren erfolgreich am Markt agiert und der Autor auf diese Weise beabsichtigt, erfolgte oder versäumte Marketingmaßnahmen während der Gründungsphasen realitätsnäher und anschaulicher zu diskutieren.

4.1   Exkurs: Die Möglichkeit zur Nutzung von Online-Medien in Deutschland

In den folgenden drei Tabellen sollen die Grundlagen „Zugang zum Netz in den letzten Jahren" und die „Tatsächliche Internetnutzung gegenübergestellt werden. Dabei zeigt sich, wie viele Personen in Deutschland einen Zugang zum Internet (Tabelle 1) haben und diesen auch nutzen, wie dann Tabelle 2 verdeutlichen soll:

	2003	2004	2005	2006	2007	2008	2009	2010
in %	53,5	55,3	57,9	59,5	62,7	65,8	67,1	69,4
in Mio.	34,4	35,7	37,5	38,6	40,8	42,7	43,5	49,0
Zuwachs %	22	4	5	3	6	5	2	13

Tabelle 1: Zahl der Personen, die in Deutschland Online sind [2003 – 2010] (Quelle: Klein, 2011)

	2003	2004	2005	2006	2007	2008	2009	2010
in %	51,5	52,6	56,7	57,6	60,7	64,3	64,7	68,1
in Mio.	33,1	33,9	36,7	37,4	39,5	41,7	42,0	48,1
Zuwachs %	17	2	8	2	6	5	1	15

Tabelle 2: Tatsächliche Internetnutzung in Deutschland [2003 – 2010] (Quelle: (Klein 2011)

Interessant ist nun noch die Durchdringung des Internets hinsichtlich des Alters der Nutzer. Dies soll anhand der folgenden Tabelle 3 dargestellt werden und zeigt deutlich, dass jüngere Nutzer des Datennetzes einen deutlich höheren Anteil am Internetverkehr haben als ältere.

14-19 J.	20-29 J.	30-39 J.	40-49 J.	50-59 J.	60-69 J.	über 70 J.
100,0%	98,4%	89,9%	81,9%	68,9%	43,6%	13,9%

Tabelle 3: Internetdurchdringung nach Alter (Quelle: Klein, 2011)

Da die Zielgruppe von my-Kim hauptsächlich aus Institutionen der Kleinkinder-erziehung und jungen Eltern besteht, ist zu erwarten, dass sich deren Altersspan-ne in die Gruppen 20-29 J., 30-39 J. und 40-49 J. einordnen lässt, die anzuspre-chenden Personen also zur jüngeren Bevölkerungsgruppe zu zählen sind. Dabei handelt es sich laut Tabelle 3 offensichtlich genau um die Gruppe, die mit 81,9% bis 98,4% Nutzung eine sehr hohe Internetaffinität besitzt und daher mit den Neuen Medien leicht erreicht und gezielt angesprochen werden kann. Im Laufe der nächsten Jahre wird sich diese Quote weiter erhöhen, zumal die nach-kommenden Bevölkerungsgruppen eine immer höhere Internetdurchdringung zeigen. Es sind also beste Voraussetzungen gegeben.

4.2 Ideenfindung und Konzeptphase

Eine gute Geschäftsidee ist die Grundlage für eine erfolgreiche Unternehmens-entwicklung. Die Idee von my-Kim ist es, Kindern bereits im Kindergartenalter ein Gefühl für Kunst und Kultur zu vermitteln, wie bereits an anderer Stelle erwähnt wurde. Produkte wie Pinsel und Staffelei sind hierbei die Basis für ein neuartiges Ateliersystem, welches zusammen mit einem ausgesuchten Angebot von Farben für den künstlerischen Gebrauch die Kreativität von Kindern im Alter von 3 bis 12 Jahren fördern soll. Eine andersartige und überaus flexibel zu handhabende Staffelei und ein Pinsel, der aus im Wald gesammelten Ästen und einer großen Filzkugel entsteht, sind einzigartig auf dem Markt für kindliche Kreativerziehung. Der Impuls für die Überlegungen zur Gründung von my-Kim kam durch eine Broschüre eines Wettbewerbers über Produkte zur Förderung kindlicher Kreativität und zur Ausbildung künstlerischer Identität. Diese Produk-te waren jedoch nach Ansicht der Gründerpersönlichkeiten nicht ausreichend geeignet, diese Sinne im Kind zu wecken und anzusprechen. Und für den Alters-bereich „Kindergarten und Vorschule" zwischen 3 und 6 Jahre gab es überhaupt kein Angebot, das man zu einem Vergleich heranziehen konnte. Die Gründer hatten folglich die Motivation, ein professionelles Angebot für ebendiese Ziel-gruppe zu erarbeiten und ausgereifte Produkte anzubieten. Dabei sollte die

Bildung von Material- und Handlungskompetenz im Vordergrund stehen, sowie die Möglichkeit, mit den eingesetzten Produkten gute Werkergebnisse und eine brillante Farbanmutung zu erzielen. Und dies auf eine Art und Weise, dass die Kleinkinder nicht die Lust am künstlerischen Tun verlieren und sich immer wieder mit ihrem „Atelier" beschäftigen. Dies soll durch einen flexiblen Aufbau der Staffelei (stehend auf dem Boden, stehend auf einem Tisch oder hängend an der Wand) und das dadurch ermöglichte Arbeiten aus der Bewegung heraus gefördert werden, was eine professionelle Arbeitsweise gestattet. Die großen Papierformate, die in die Staffelei eingespannt werden können, tun ihr übriges, um die Kreativität in den Kindern zu fördern. Auf diese Weise wird durch diese durchdachte Neuartigkeit der my-Kim Produkte Pädagogisches und Professionelles auf eine spielerische Weise verbunden.

Aus der Kommunikation mit einem bekannten und erfolgreichen Kataloganbieter für Kindergarten- und Krippenausstattung entstand schnell eine Kooperation in der Weise, dass die my-Kim Produkte in dessen Portfolio aufgenommen wurden und eine eigene Rubrik in dessen Katalog eingeräumt bekamen. Die Empfänger dieser Kataloge sind Kindergärten, Kindertagesstätten und Krippen. Auf diese Weise werden die my-Kim Produkte einem breiten Publikum, genau in der für my-Kim relevanten Zielgruppe, vorgestellt. Außerdem wurden die Gründer von my-Kim gebeten, Fortbildungsseminare über die Heranbildung von kreativen und künstlerischen Kräften beim Kleinkind zu halten. Auf diese Weise wurden die my-Kim Produkte einem spezialisierten und interessierten Publikum in der Praxis zugänglich gemacht. Durch diese Fortbildungsreihe wurde ein weiterer Anbieter auf my-Kim aufmerksam, der sich auch für die Produkte und Philosophie von my-Kim begeistern konnte. Dieser Anbieter wurde der zweite Kunde und trug als Referenz dazu bei, dass my-Kim nun einen geebneten Einstieg bei seiner relevanten Zielgruppe von Kindergärten, Kindertagesstätten und Krippen hatte.

Für die Kunstsets gilt dies nicht. Diese wurden zwar auch für Kinder im Kindergarten- und Vorschulalter konzipiert, sie erfordern jedoch bereits einiges an

Fingerfertigkeit und künstlerisches Vorstellungsvermögen, sind daher für fort-geschrittene „Kleinkünstler" gedacht. Außerdem verlangen sie Verständnis für die jeweilige Kunstform und die Künstler, die diesen Sets als Vorbilder zugrunde liegen. Die Sets wurden zwar in den Katalog des Kataloganbieters aufgenommen, waren jedoch für eine andere Zielgruppe bestimmt. Diese liegt eher bei kunst-beflissenen und kulturell orientierten Nachfragern und privaten Haushalten und nur bedingt bei den oben genannten Institutionen der frühkindlichen Erziehung.

Die geplante Mitarbeiterstruktur von my-Kim besteht aus zwei Geschäftsführern, die sich um alle internen Belange, die Produktentwicklung und Prototypen-fertigung, die Außendarstellung sowie den Vertrieb von my-Kim kümmern sollen. Wie in Kapitel 2.1 bereits beschrieben sollen Buchhaltung und juristische Fragen von einem externen Steuerberater übernommen werden. Damit sollen die Voraussetzungen geschaffen werden, individuelle Produkte für eine anspruchs-volle Klientel zu entwickeln und anbieten zu können.

In der Planungs- und Konzeptionsphase einer Unternehmung können die Neuen Medien beispielsweise genutzt werden, um Geschäftsideen zu generieren oder um in einem späteren Schritt Marktrecherche zu betreiben. Zur Gewinnung von Produktideen gibt es verschiedene Internetplattformen und Ratgeber, die geeig-nete Produktfindungsprozesse beschreiben und erläutern. Um eine eigene Produktidee zu optimieren bieten solche Plattformen die Gelegenheit, mit ande-ren Anwendern über die Produkte und deren Marktanpassung zu diskutieren. Eine nicht geringe Gefahr besteht hier allerdings in der Möglichkeit für andere, die Produktidee zu kopieren oder eventuell sogar falsche Tipps zu geben, um eine Markteinführung zu verhindern. Diese Gefahr ist ausgeschlossen, wenn man sich im Internet von Plattformen Ratschläge holt, auf denen lediglich Tipps zur Generierung und Optimierung von Produktideen gegeben werden. Diese kann man dann auf seine Produktideen adaptieren und diese intern weiterentwickeln, ohne dass der Markt etwas davon mitbekommt.

Auf Ideen für neue Produkte kann man mit Hilfe der Neuen Medien außerdem durch Kommunikation mit Geschäftspartnern oder Freunden über E-Mail oder

Soziale Plattformen wie XING, LinkedIn oder Facebook stoßen, oft aus Zufall, manchmal kalkuliert. Neben Unterhaltungen am Telefon ist diese Form der Kommunikation ein wichtiger Bestandteil des Wirtschaftslebens geworden. Auch bei my-Kim war die Nutzung von E-Mails in hohem Maße mitverantwortlich für die Entwicklung der Produkte. Durch Geschäftspartner wurden beispielsweise wichtige Impulse zur Entwicklung und Fertigung des Pinsels gegeben, ohne die er sicherlich in seiner bestehenden Form nicht existieren würde.

4.3 Phase der Branchen- und Marktanalyse

Die Marktanalyse ist eine der wichtigsten Komponenten bei der Planung und Gründung einer Unternehmung und auch bei der Konzeption und Entwicklung von Produkten. Nur wer die Gegebenheiten und Verhältnisse des Marktes kennt, auf dem er mitwirken möchte, weiß, welche Chancen und Risiken er mit seiner Unternehmung und seinen Produkten eingeht und welche Möglichkeiten bestehen, die Unternehmung nachhaltig zum Erfolg zu führen und sich gegen Wettbewerber und deren Maßnahmen durchzusetzen. Die Marktanalyse, also die Recherche von Wettbewerbern und Kundenstrukturen gilt als eine der wichtigsten Marketingmaßnahmen vor der Gründung und im frühen Stadium der Unternehmensgründung selbst.

my-Kim hat zu Beginn der Planung und Konzeption seiner Tätigkeit und seiner Produkte hauptsächlich die Kataloge der Anbieter durchgearbeitet, die bereits ein ähnliches Angebot für die Zielgruppe von Kindertagesstätten, Kindergärten und Krippen anbieten. Eine Internetrecherche wurde nicht betrieben. Durch die Recherche der Kataloge stellten die Gründer von my-Kim fest, dass es für die Zielgruppe kein passendes Angebot gab, in dem Sinne, dass die bisherig angebotenen Produkte aus Standardteilen bestanden und hauptsächlich in Massenproduktion hergestellt wurden. Die Produkte waren nach Auffassung der Gründer nicht geeignet, Kreativität und Kunstverständnis bei den Kindern zu wecken oder gar zu fördern.

Zudem war der Zeitpunkt der Gründung optimal gewählt, da gerade eine bundes-
politische Entscheidung getroffen wurde, eine Quote für Krippen festzulegen und
deren Aufbau bundesweit zu fördern. Das sorgte für einen „Krippen-Boom" und
my-Kim konnte mit seinen Produkten von dieser politischen Entscheidung und
dem damit einhergehenden vermehrten Bau von Krippen und Kindertagesstätten
profitieren und sah auf diese Weise das Gründungsrisiko minimiert. Eine weitere
Möglichkeit der Marktrecherche wäre es gewesen, angebotene Produkte ein-
zukaufen und zu bewerten. Dies wurde von my-Kim nicht gemacht, laut Aussage
eines der Gründer wurde die Notwendigkeit nicht gesehen, da bereits die Kata-
logrecherche ergab, dass die angebotenen Produkte nicht dem Standard und der
Philosophie entsprachen, die my-Kim verfolgen wollte.

Die Aussage des my-Kim Geschäftsführers: „Selbsterfahrung ist die beste Marktrecherche" könnte in diesem Zusammenhang diskutiert werden. Das Internet
bietet im modernen Wirtschaftsleben eine der besten Möglichkeiten um Markt-
recherchen zu betrieben, indem Wettbewerber, Lieferanten und Kunden auf einfache Weise recherchiert und qualifiziert werden können, um damit das Unternehmensrisiko zu minimieren.

In der Phase der Branchen- und Marktanalyse spielt es mittlerweile eine
entscheidende Rolle. Man kann sich sehr einfach über nahezu jedes Unternehmen,
über seine Produkte, seine Philosophie und den Kundenkreis auf dessen Internetseite informieren. Zusätzlich besteht die Möglichkeit über spezielle Plattformen
wie beispielsweise „Wer-liefert-was" oder andere Online-Auskunftsdienste
Informationen über Unternehmen zu bekommen. Diese Informationsquellen sollte man auch nach der eigentlichen Gründungsphase nutzen, um den Markt und
den Wettbewerb im Auge zu behalten und schnell auf „Gefahren" reagieren zu
können.

In der Gründungsphase verzichtete my-Kim wie zuvor beschrieben auf diese Art
der Marktrecherche. Im weiteren Geschäftsverlauf nahmen die Geschäftsführer
jedoch nach und nach die Wichtigkeit des Internets als Informationsquelle wahr.
my-Kim recherchiert nun auf diese Weise regelmäßig nach Wettbewerbern und

deren Produkte, um informiert zu sein und den Anschluss an den Markt nicht zu verlieren. Auch Produktkopien können auf diese Weise lokalisiert werden.

4.4 Darstellungsoptimierung von Alleinstellungsmerkmalen

Das Produktangebot von my-Kim wurde mit der Maßgabe entwickelt, dass es konkret auf die Bedürfnisse von Eltern und Kinderbetreuungsinstitutionen zugeschnitten ist, die ihre Kinder schon in frühem Alter mit Kunst und Kultur in Berührung bringen möchten und damit beabsichtigen, deren Kreativität zu fördern. Durch eine aufwändige Produktion und zahlreiche objektive Testverfahren können die Nutzer der Produkte sicher sein, dass eine kindgerechte und giftstofffreie Verarbeitung gewährleistet ist. Jedes Produkt ist handgefertigt und wird nach jedem einzelnen Arbeitsgang auf Qualität und Handhabbarkeit geprüft. Mit einer überdurchschnittlich hohen Qualität ist daher bereits ein wichtiges Alleinstellungsmerkmal gegeben. Bis auf wenige Ausnahmen sind die Produkte aus Komponenten gefertigt, die aus Naturmaterialien bestehen und im Falle des Pinsels in der natürlichen Form von gesammelten Ästen belassen werden. Somit handelt es sich schon allein daher um Unikate, die ohne Äquivalent auf den Zielmärkten verkauft werden.

Um sich dennoch vor Produktpiraterie zu schützen und auch weiterhin das Alleinstellungsmerkmal des Angebots von my-Kim zu unterstreichen, wurde zumindest für die Staffelei ein Gebrauchsmusterschutz beantragt. Für die Pinsel war dies nicht notwendig, da diese eine spezielle natürliche Y-Form aufweisen und jeder einzelne „Griff", wie bereits angesprochen, im Wald gesammelt wird. Danach durchlaufen die Griffe noch eine spezielle Weiterbearbeitung, durch die sie jedoch ihre Einzigartigkeit behalten.

Diese Alleinstellung des my-Kim Produktportfolios gilt es nun optimal am Markt darzustellen. Hierbei kommt der Kommunikationspolitik eine wichtige Rolle zu (siehe Kap. 3.2.3). Nachdem die Alleinstellungsmerkmale der Produkte herausgearbeitet wurden, müssen diese an die potentiellen Abnehmer kommuniziert werden. Dies geschieht hauptsächlich durch eine entsprechende Werbung. Das kann mit Hilfe von diversen Werbeträgern, (Zeitungsanzeigen, TV- und Radio-spots, regionale Kinowerbung, Werbeanzeigen in fachspezifischen Magazinen und Katalogen oder auch in den Neuen Medien über Internet, die Sozialen Netz-werke oder über E-Mail-Werbung) über zielgruppengerechte Werbeaussagen geschehen. Das Ziel muss es hierbei sein, das Produkt und seine Alleinstellung am Markt wirksam darzustellen und die positiven Eigenschaften, die das bewor-bene Produkt von Wettbewerbsprodukten abheben, zum Nachfrager zu transpor-tieren. Beim Nachfrager bestehende Bedarfe sollen gedeckt, sowie nicht vorhan-dene Bedarfe geweckt werden. Auch bei Telefongesprächen mit Interessenten soll-

ten die Alleinstellungsmerkmale der Produkte genannt werden, da sie die Vortei-le und die Sinnhaftigkeit der Produkte unterstreichen und damit für den Informa-tionsempfänger leichter erfassbar und verständlicher sind, als andere Aussagen zum Produkt. my-Kim hatte kurz nach Aufnahme seiner Geschäftätigkeit als einzige Werbemaßnahme eine Doppelseite im Katalog eines großen Versenders von Kindergarten- und Krippenzubehör. Dabei konnten die Alleinstellungs-merkmale zu den Interessenten kommuniziert werden. Diese Präsenz in einem vielbeachteten Printmedium wurde zudem unterstützt durch die Präsenz im Onli-ne-Verkaufsportal dieses Versenders, bei dem gleichermaßen die Vorteile und die Alleinstellungsmerkmale im Vordergrund standen. Dies hat letztendlich ausgereicht, um das Unternehmen und dessen Produkte bei der beabsichtigten Zielgruppe bekannt zu machen und diese von der Philosophie und Qualität seiner Produkte zu überzeugen. Eine sehr ökonomische und effiziente Art der Werbung. Zu diesem Zeitpunkt war jede weitere Art der Produktwerbung nicht notwendig. Selbst wenn die Nachfrage nach my-Kim Produkten gestiegen wäre, hätte diese durch die fehlenden Produktionskapazitäten nicht gedeckt werden können.

Wie bereits angedeutet, sind die Neuen Medien mittlerweile nahezu unentbehr-lich, wenn es darum geht, Produkte und deren Merkmale auf schnelle Weise ei-nem breiten sowie einem auch nur kleineren, spezialisierten Kreis von Nachfra-gern bekannt zu machen. Ob man natürlich jedes Detail der Alleinstellungsmerkmale, denen viele Unternehmungen ihren Geschäftserfolg verdanken, ja sogar ihre Existenz darauf aufbauen, im Internet einem breiten Publikum (also auch Wettbewerbern und Nachahmern) zugänglich machen möchte, sollte man im Einzelfall abwägen. Das Internet ist ein sehr dynamisches und schwierig zu kontrollierendes Medium und Informationen, die einmal dort hineingelangen, sind schwer wieder zu löschen. Gerade bei Informationen, die Wettbewerber nicht erfahren sollten, oder die sogar existenzbedrohend sein könnten, ist dies sicher nicht gewünscht. Dieses Risiko kann man einschränken, indem man gezielt mit einem engeren Personenkreis über seine Produkte kommuniziert. Damit ist selbstverständlich auch die Werbewirkung auf dem Gesamtmarkt eingeschränkt. Eventuell sollte man die Neuen Medien zur werbewirksamen Kommunikation von Alleinstellungsmerkmalen erst dann einsetzen, wenn man sich als Unternehmung auf seinem Markt etabliert hat und man seine Wettbewerber einschätzen und bestenfalls sogar kontrollieren kann.

4.5 Phase der Rechtsformwahl

Die Wahl der Rechtsform stellt eine wichtige Entscheidung für die Gründung einer Unternehmung dar. Dabei ist einerseits zu beachten, dass das wirtschaftliche Risiko nicht zu groß sein sollte, die Unternehmung also im Haftungsfall genügend abgesichert ist und nicht in ihrer Existenz bedroht wird. Auf der anderen Seite sollte die Unternehmung den notwendigen Handlungsspielraum behalten, um flexibel und schlagkräftig am Markt zu agieren. Dazu spielt beispielsweise eine Rolle, wie hoch der Buchführungsaufwand sein soll, wie hoch die Steuerbelastung der jeweiligen Rechtsform ist oder ob die Verpflichtung einen Jahresabschluss durchzuführen bestehen soll oder nicht.

Grundsätzlich ist hier zwischen Personengesellschaften und Kapitalgesellschaften zu unterscheiden. Personengesellschaften sind dadurch gekennzeichnet, dass kein Mindestkapital zur Gründung der Gesellschaft benötigt wird und die Gesellschafter voll mit ihrem Privatvermögen haften. Zumeist sind die Gründer nicht nur Inhaber sondern auch die Leiter des Unternehmens. Typische Vertreter von

Personengesellschaften, die nicht ins Handelsregister eingetragen werden müssen, sind die Partnergesellschaft und die GbR (Gesellschaft bürgerlichen Rechts). Personengesellschaften, die einer Eintragung ins Handelsregister bedürfen sind die OHG (Offene Handelsgesellschaft) sowie die KG (Kommanditgesellschaft). Auf der anderen Seite könnte eine Unternehmung als Kapitalgesellschaft gegründet werden. Typische Vertreter sind hier beispielsweise die GmbH oder die AG. Der Akt der Unternehmensgründung ist bei Kapitalgesellschaften jedoch weitaus komplexer und mit höheren Kosten verbunden als bei einer Personengesellschaft, da ein Unternehmensvertrag erstellt werden muss, der einer notariellen Beglaubigung sowie einer Handelsregistereintragung bedarf. Außerdem ist eine wertmäßige Mindesteinlage vorgeschrieben, die als Stamm- oder Haftungskapital hinterlegt werden muß. Dieses Mindestkapital beläuft sich beispielsweise bei einer GmbH auf € 25.000,00 (vgl. §5 Abs.1 GmbHG). Bei mehreren Gesellschaftern muss jeder mindestens ein Viertel der Stammeinlage erbringen, wobei die Summe dieser Einlagen mindestens die Hälfte des Mindeststammkapitals, also € 12.500,00 ergeben muss (vgl. § 7 Abs. 2 GmbHG). Mit diesem Stammkapital haftet die GmbH Gläubigern gegenüber. Dieses Stammkapital kann auch durch Sacheinlagen geleistet werden. Das Grundkapital einer Aktiengesellschaft muss mindestens € 50.000,00 betragen (§ 7 AktG). In der Bilanz des Unternehmens wird dieses Grundkapital, das hier als „Gezeichnetes Kapital" bezeichnet wird, als Teil des Eigenkapitals ausgewiesen und ist in Aktien unterteilt. Eine Aktiengesell-schaft haftet unbeschränkt mit ihrem gesamten Gesellschaftsvermögen. Die Schuld der Aktionäre beschränkt sich hierbei allerdings auf die Leistung ihrer Einlagen und somit wird auch die persönliche Haftung begrenzt. Grundsätzlich ist die Wahl der Rechtsform ein eher sachlicher Aspekt der Unternehmensgründung. Betrachtet man jedoch die Unternehmung von der Marktseite her und vom Marketinggesichtspunkt, mit dem sich diese Arbeit beschäftigt, ist hier der Aspekt der Wirkung der Rechtsform auf den Markt, also auch auf die Nachfrager zu betrachten. Mag die Gründung als GbR für die Gesellschafter aus Gründen der überschaubaren Bürokratie und Kosten als empfehlenswert erscheinen, so kann dies ein falsches Signal auf den Markt aussenden. Sinnvollerweise möchten die Nachtfrager mit einem Marktpartner Geschäfte machen, der groß, sicher und vertrauenswürdig erscheint. Diese Attribute erscheinen allerdings eher bei einer Kapitalgesellschaft gegeben zu sein, als bei einer GbR oder einer OHG. Bei der Gründung von my-Kim war es nicht gewünscht, eine hohe Einlage zu leisten. Außerdem sollten sich der Buchhaltungsaufwand und dessen Kosten in einem vertretbaren Rahmen halten. Zudem wollte man sich im täglichen Geschäft eine hohe Flexibilität und Handlungsfähigkeit erhalten. Mit einem hohen Haftungsrisiko wurde in der Gründungsphase sowie in den ersten Jahren nach der Gründung aufgrund der Art der hergestellten Produkte nicht gerechnet und so wurde erwogen, my-Kim mit einem Geschäftsführer und einem freien Mitarbeiter als Personengesellschaft zu gründen.

Die letztendliche Entscheidung wurde den Geschäftsführern jedoch durch eine „übergeordnete" Institution abgenommen. Das Finanzamt nämlich hatte entschieden, dass my-Kim als GbR zu gründen sei. Dies wurde offensichtlich notwendig, um den zunächst geplanten freien Mitarbeiter nicht in die strafbare Scheinselbstständigkeit laufen zu lassen. Um diese Problematik zu vermeiden wurde auch er zum Geschäftsführer gemacht und die Gesellschaft tatsächlich als GbR mit zwei Geschäftsführern angemeldet.

Die an oberer Stelle diskutierte Wirkung, die eine Personengesellschaft nach außen erzielt, wurde in der Anfangsphase der Unternehmensaktivität von my-Kim als Priorität 2 betrachtet. Zumindest ist die Außenwirkung einer GbR hochwertiger und vertrauenswürdiger als die einer reinen Einzelgesellschaft. Trotzdem wurde bei der Gründung bereits geplant, die my-Kim GbR in eine Kapitalgesellschaft, namentlich eine GmbH umzuwandeln, sollte sich der Geschäftsverlauf gut entwickeln oder sollte sich im Laufe der Zeit durch die Entwicklung von neuen Produkten oder die Einstellung weiterer Mitarbeiter ein höheres Haftungs- und Existenzrisiko ergeben.

In der Gründungsphase, in der die Rechtsform der Unternehmung diskutiert wird, spielen die Neuen Medien eine eher untergeordnete Rolle. Sie dienen hier ledig-

lich zur Informationsbeschaffung und zur Darstellung der Unternehmensrechts-
form nach der Gründung, nicht so sehr zur Außenwirkung. Natürlich wird sich
ein Unternehmensgründer über die Rechtsformwahl in erster Linie bei seinem
Steuerberater informieren, aber der Blick in Internetseiten, auf denen das Pro und
Contra von Rechtsformen diskutiert wird, liegt außerdem sehr nahe. Eventuell
diskutiert man auch mit ausgewählten Kontakten seiner Social-Media-Netzwerke
über die Rechtsformwahl. Auf jeden Fall gewinnt man Erkenntnisse, die neu und
hilfreich sind oder kann seine bereits bestehenden Informationen durch einen
Blick in die Neuen Medien bestätigen.

Nach der Gründung jedoch kommt den Neuen Medien zusätzlich eine Werbe-
funktion zu, denn wann immer ein Internet-Nutzer die Unternehmung my-Kim
auf dem Bildschirm sieht, erkennt er auch die Rechtsform im Namen. Dabei
bildet er sich unterbewusst eine Meinung zu Größe, Seriosität und Wirtschafts-
kraft des Unternehmens. Zumindest wird der Rechtsformszusatz GbR oder
GmbH, die beiden für my-Kim relevanten Rechtsformen, im Firmennamen
getragen. Also wird über die Neuen Medien hier ein positives Unternehmensimage transportiert, das, wie zuvor beschrieben, den Kunden und Geschäftspartnern von my-Kim Vertrauen und Seriosität vermittelt. Dies ist freilich hilfreich
für die weitere Geschäftsentwicklung von my-Kim.

4.6 Phase der Mitarbeiterauswahl

Ein erfolgreiches Unternehmen lebt von seinen Mitarbeitern. Diese machen
durch ihr Engagement und ihre Leistungskraft einen Großteil des Erfolges des
Geschäftsbetriebs aus. Nicht zuletzt deshalb ist es wichtig, dass solche Mitarbeiter ausgesucht und eingestellt werden, die sich mit den Produkten und der Philosophie des Unternehmens identifizieren können und sich mit ihrer ganzen
Arbeitskraft ihrer Aufgabe widmen. Zudem ist es zumeist von Vorteil gut ausge-
bildete oder spezialisierte Mitarbeiter zu finden, die nicht lange in ihr Aufgaben-
feld eingearbeitet werden müssen und schnellstmöglich Erfolge für das Unternehmen erzielen können. Die Auswahl und Einstellung von Mitarbeitern kann

zweckmäßigerweise in sieben Phasen eingeteilt werden (die hier jedoch nicht komplett in ihrem Ablauf erläutert werden sollen):

Phase 1: Definition Anforderungen

Phase 2: Zusammenfassung der Anforderungen in einer Stellenbeschreibung

Phase 3: Stellenausschreibung erarbeiten und veröffentlichen

Phase 4: Eingegangene Bewerbungen sichten und bewerten

Phase 5: Bewerber einladen und im Einzelgespräch beurteilen

Phase 6: Engeren Bewerberkreis erneut einladen und eingehender beurteilen

Phase 7: Eventuell Probearbeiten lassen oder Arbeitsvertrag unterzeichnen

In Phase 1 wird der Anforderungskatalog für den neuen Mitarbeiter definiert. Diese Anforderungen werden in Phase 2 zu einer Stellenbeschreibung zusammengefasst, in der zusätzlich noch die Befugnisse und einige andere Eigenschaften der Stelle geregelt sind. Damit haben Arbeitgeber und Arbeitnehmer eine definierte Grundlage für die Zusammenarbeit im Unternehmen. Die Anforderungen an die zu besetzende Stelle, die in der Stellenbeschreibung zusammengefasst und niedergeschrieben wurden, können nun in Phase 3 dazu verwendet werden, eine aussagekräftige Stellenanzeige zu formulieren. Dabei ist darauf zu achten, dass die Gestaltung der Stellenanzeige der zuvor definierten Corporate Identity entspricht. Stellenanzeige, Einladungs- oder Absageschreiben ergeben dadurch eine einheitliche Außendarstellung. Für die Gestaltung der Stellenanzeige ist es nicht entscheidend, ob sie in Printmedien (Zeitung, Fachzeitschriften, etc.) abgedruckt wird, oder im Internet über einen Vertreter der Neuen Medien. Die Darstellungsweise von Stellenanzeigen im Internet hat sich, abgesehen vom Umfeld der Anzeige, sehr den gewissermaßen seit langem geläufigen Printformaten angeglichen. Stellenanzeigen können im Internet über die Unternehmenswebsite oder über spezielle Jobbörsen veröffentlicht werden. Hier liegt ein großer Vorteil gegenüber der Veröffentlichung in Printmedien. Ein möglicher Bewerber kann sich über einen Link meist direkt bei der Unternehmung bewerben und muss nicht notwendigerweise eine Bewerbungsmappe zusammenstellen, die er dann per Post versenden muss. Das ist sehr viel schneller und angenehmer für eventuelle Bewerber. Für das Unternehmen ist von Vorteil, dass deren Stellengesuche meist über eine längere Zeitdauer sichtbar bleibt. Die Veröffentlichungen in den Printmedien finden meist nur an wenigen Tagen statt und wenn die Zeitung im Papierkorb verschwindet, verschwindet auch die Stellenanzeige. Auf den Internetplattformen bleibt die Anzeige meist solange aufrufbar, bis die ausgeschriebene Stelle besetzt ist. Ist eine Unternehmenswebsite vorhanden, sollte dort unbedingt auch eine Rubrik eingerichtet sein, die über offene Stellen der Unternehmung informiert. Die Besucher der Website zeigen ohnehin bereits Interesse am Unternehmen und werden so, sollten sie auf der Suche nach einer neuen beruflichen Herausforderung sein, dazu tendieren, sich direkt zu bewerben. So bekommt man initiative Mitarbeiter, die sich bereits mit den Produkten und der Philosophie des Unternehmens beschäftigt haben.

Seit einiger Zeit besteht die Möglichkeit, Unternehmen im Internet durch aktuelle oder ehemalige Mitarbeiter bewerten zu lassen. Beispielsweise ist diese Möglichkeit über die Website www.kununu.de gegeben. Hier sollte jede Firma ein besonderes Auge darauf haben, denn wird dort eine negative Bewertung veröffentlicht, kann schnell das positive Unternehmensimage gefährdet sein. Nun wird sicherlich nicht die Mehrzahl der Internet-Nutzer solche Seiten kennen, aber Neuigkeiten breiten sich im Netz sehr schnell aus und so besteht die Gefahr, dass Informationen unkontrolliert irgendwo auftauchen, teilweise mit schädlichen Auswirkungen.

Diesem Risiko kann man entgegentreten, indem man selbst die Neuen Medien nutzt, um gezielt positive Informationen über das Unternehmen zu verbreiten, beispielsweise, dass es sich bei my-Kim um einen Top-Arbeitgeber handelt, der eine tolle Philosophie mit einem hervorragenden Arbeitsklima und überdurchschnittlichen Sozialleistungen verbindet. Man sieht hier sehr deutlich, dass es das Internet zulässt, durch interaktive Kommunikation Meinungen zu bilden und zu manipulieren. Dabei ist nun die Frage berechtigt, ob das Internet durch diese

Interaktivität den Nährboden für eine Meinungsbildung der breiten Masse dar-stellt, oder ob es sich aufgrund der vielen unterschiedlichen Beiträge nicht even-tuell selbst bereinigt? Durch die Vielzahl der Meinungen von unterschiedlich denkenden Individuen müsste sich, vorausgesetzt genügend viele Meinungen werden veröffentlicht, eine Tendenz herausbilden, aus der sich eine objektive Meinung ergibt, analog der Linearen Regression in der Statistik. Schwieriger ist es, wenn sich keine genügend große Zahl von Internet-Nutzern findet. Dann nämlich ist die gebildete Meinung nicht repräsentativ und kann letztendlich sehr wohl manipulativ wirken.

Eine Minimierung dieses Meinungsrisikos streben Institutionen an, die versuchen, durch gezieltes Sammeln und Verarbeiten von Informationen eine möglichst objektive Meinung zu veröffentlichen. Eines der bekanntesten „Gütesiegel" ist hier „Deutschlands 100 Top-Arbeitgeber". Dieses Ranking wird seit einigen Jah-ren von dem trendence Institut in Berlin erstellt, einem Beratungsunternehmen, das die Thematik „Was erwartet ein Arbeitnehmer vom Arbeitgeber und umge-kehrt" erforscht und mit seinen Erkenntnissen Arbeitgeber und Arbeitnehmer für ein besseres Miteinander berät. my-Kim hat währen der Gründungsphasen keinen großen Wert auf die Mitarbeitersuche gelegt, da für die erste Zeit der Geschäfts-tätigkeit beabsichtigt war, die Firma lediglich mit der Arbeitskraft der beiden Gründer zu betreiben. Es wurde von vorneherein beabsichtigt, das Produkt Staf-felei fremdfertigen zu lassen und so trat hier die Problematik der Mitarbeitersu-che und -führung höchstens im übertragenen Sinne der Lieferantensuche und -führung zu Tage. Aber auch für die Suche und Führung von Lieferanten gilt das zur optimalen Meinungsdarstellung gesagte. Die besondere Problematik bei my-Kim lag in der Art des ästhetischen Arbeitens und der „Absicht Kunst und Kultur in die Krippe zu bringen"[20]. Diese Identifikation mit der Philosophie von my-Kim stellt neben der fachlichen Expertise eine grundlegende Anforderung an zukünftige Mitarbeiter und im gerade diskutierten Ansatz auch an die Auswahl der richtigen Lieferanten dar. In diesem Zusammenhang sei ein kleiner Exkurs in

---

[20] Aussage Claudia Seeger, Geschäftsführerin von my-Kim, bei einem Telefoninterview am 15.04.2014

die aktuelle Unternehmenssituation von my-Kim erlaubt: Durch die Mitwirkung an einem Projekt sah sich eine bis dato im städtischen Dienst befindliche Architektin (sie war Stadtbauarchitektin bei einem Auftraggeber von my-Kim, der Stadt Hannover) veranlasst, das Gespräch mit my-Kim zu suchen um sich dort als Mitarbeiterin zu bewerben. Sie hatte durch die Beobachtung der Arbeitsweise und der Philosophie von my-Kim für sich entschieden, die sichere Position bei der Stadt Hannover gegen eine Tätigkeit bei my-Kim einzutauschen. Der in Kapitel 4.3 erwähnte Satz „Selbsterfahrung ist das beste Marketing" trifft hier in bestechender Weise zu.

4.7 Maßnahmen zur optimalen Unternehmensdarstellung für die Finanzierungsanfrage

Die Gründung einer Unternehmung erfordert neben der Geschäftsidee und dem Willen der Unternehmensgründer auch eine finanziell tragfähige Planung. Was nützt die beste Geschäftsidee, wenn das Unternehmen nach einer kurzen Zeit wieder eliminiert werden muss, weil keine ausreichenden finanziellen Mittel zur Verfügung stehen, die eine Firma über eine gewisse Zeit ohne Einnahmen am Leben erhalten können. Gerade in der Gründungsphase einer Unternehmung ist eine finanzielle Grundausstattung wünschenswert, da die Verkäufe meist nicht gleich zu Beginn tragfähige finanzielle Rückflüsse erwarten lassen. Dieses Risiko des finanziellen Engpasses kann man mit gezielten Marketingmaßnahmen minimieren, wenn man einige Zeit vor Gründung des Unternehmens und Aufnahme der Geschäftstätigkeit die Nachfrager durch Werbemaßnahmen oder gezielte Marketingaktionen auf die kommenden Produkte vorbereitet und bei ihnen Bedarfe weckt. Dies kann sowohl über die klassischen Medien -über Anschreiben oder Anzeigen- als auch über die Neuen Medien durch Veröffentlichungen in sozialen Medien und Aufbau der Unternehmenswebsite geschehen. Optimal sind hier abgestimmte Maßnahmen, in die alle Medien simultan einbezogen sind. Sollte man beabsichtigen, ein Gründungsdarlehen von einem Kreditinstitut zu bekommen, oder bei sogenannten „Business-Angels" anzufragen, um schnell und unkompliziert Fremdkapital zu erhalten, das eine mittelfristige Existenz der Unternehmung gewährleistet, kann man eine optimale Darstellung der Unternehmung nach Außen als eine der Komponenten betrachten, die in hohem Maße hilfreich sind, das Vertrauen beim Kapitalgeber zu stärken und somit eine positive Entscheidung zu unterstützen. Hierbei wird von den potenziellen Kapitalgebern natürlich auch hinterfragt, welche Maßnahmen von dem zu unterstützenden Unternehmen in Betracht gezogen werden, die Geschäftstätigkeit und letztendlich den Absatz von Produkten zu fördern. Außerdem ist hier sehr wirksam, wenn die Alleinstellungsmerkmale des Angebots bekannt sind und diese zur positiven Darstellung der Produkte herangezogen werden. Zusammen mit dem Vertrauen in die Produkte, in die Unternehmerpersönlichkeiten und in die zukünftigen Entwicklungsmöglichkeiten ergibt sich ein Gesamtbild des mit Kapital zu versorgenden Unternehmens, das über eine positive oder negative Aussage entscheidet. Das Gesamtbild des Unternehmens spiegelt sich im Businessplan wieder. Dieser sollte ein möglichst wahrheitsgemäßer Spiegel des Vorhabens „Gründung von my-Kim" sein, der alle Informationen über die Geschäftsidee, Produkte, Marktgegebenheiten, unterstützende Marktbearbeitungsmaßnahmen und Refinanzierungsstrategien enthält, sodass die Institutionen, die nach Finanzierungshilfen angefragt werden, daraufhin ihr Kapitalausfallrisiko kalkulieren können.

Im Fall der my-Kim GbR wurde zu Beginn der Geschäftstätigkeit nicht nach Fremdkapital gefragt. Es wurden jedoch bereits zu diesem Zeitpunkt Gespräche mit Finanzierungsunternehmen geführt, da beabsichtigt wurde, zu einem späteren Zeitpunkt eine Schreinerei zu übernehmen, die es ermöglichen sollte, die Produkte in Eigenfertigung herzustellen, und nicht, wie im Falle der Staffelei, durch einen externen Schreiner fremdfertigen zu lassen. Dabei wurde ein Existenzgründerdarlehen der KfW-Bank erwogen. Um die Bankgespräche positiv zu unterstützen, wurden von den Gründern von my-Kim alle bis zu diesem Zeitraum erarbeiteten Marktbearbeitungsmaßnahmen zusammengestellt. Dabei handelte es sich um eine erste Produktbroschüre, die Unternehmenswebsite und um Referenzen von ersten Kunden. Auch hier konnten also, wenn auch in begrenztem Maße, sowohl die klassischen als auch die neuen Medien als Darstellungsgrundlage genutzt werden, um den Anbietern von Fremdkapital ein möglichst ausgereiftes Bild nach Außen zu geben und auf diese Weise die finanziellen Mittel zu erhalten, die für den Kauf einer Schreinerei notwendig sind.

4.8 Konzeption der Corporate Identity

Die Corporate Identity ist ein wesentliches Kriterium, um die Philosophie und das Image einer Unternehmung zu den Marktteilnehmern, vor allem aber zu der beabsichtigten Zielgruppe zu transportieren. Wie bereits in Kapitel 2.4 dargestellt, geht es hierbei darum, Unternehmenswerte, Leitbilder und Ideologien zu visualisieren und sie auf diese Weise potenziellen Nachfragern und Interessenten zugänglich und verständlich zu machen. Ziel ist es hierbei, ein positives Image zu transportieren, das unter den Marktteilnehmern zur Vertrauensbildung und zur Verifizierung der Seriosität eines Unternehmens dient. Auf der anderen Seite ist die Corporate Identity aber auch notwendig, um Unternehmen voneinander abzugrenzen. Auf den ersten Blick sollen die Marktteilnehmer erkennen, ob es sich um Unternehmen A oder Unternehmen B handelt. Diese Unterscheidung wird durch visuelle Schlüsselmerkmale wie Farben, Formen und Schriftarten erzielt. Dabei sollte eine Firma, die wie my-Kim Produkte zur Kreativitäts- und Kunstvermittlung anbietet, stets bemüht sein, frische kräftige Farben, eine leicht zu erfassende, freudige Bildsprache und eine angenehme, gut lesbare Schrift zu wählen, weil durch diese Komponenten innerhalb kürzester Zeit eine erste Meinungsbildung über die Unternehmung und deren Produkte erfolgt. Die Corporate Identity von my-Kim hält sich an diesen Ratschlag. Die farbliche Anmutung wird mit ihren frischen, kräftigen Farben und runden, organischen Formen, der angenehmen Bildsprache und der gut lesbaren Schrift den Anforderungen an die Unternehmensphilosophie und die Leitsätze gerecht, die my-Kim mit der Gestaltung seiner Corporate Identity ausdrücken möchte. Im Vordergrund steht dabei die Bewegung und das individuell Künstlerische. Die lebhafte Farbigkeit vermittelt, dass bei my-Kim nicht kalt und kommerziell gedacht wird, sondern man vielmehr bemüht ist, maßgeblich auf die Belange von Kindern im Vorschulalter einzugehen. Es wird auf spielerische Weise der ganze Farbkreis für die Corporate Identity herangezogen. Diese Auswahl der Komponenten ergibt eine klare Abgrenzung zu Wettbewerbern und schafft ein klares Statement für die Markt-teilnehmer. Aufgrund dieser wichtigen Grundlagenarbeit ist nun eine konsequen-te Darstellung des Unternehmens und damit eine wirksame Marktbearbeitung möglich. Durch eine Adaption der Corporate Identity, begonnen bei Visiten-karten, Briefbögen, Anzeigen aller Art, über die Darstellung in den Neuen Medi-en wie Internet, E-Mail-Newsletter sowie Seiten und Beiträgen in Sozialen Medien, bis hin zur Gestaltung des Messestandes und der Lackierung des Firmentransporters sollte zum Gründungszeitpunkt ein einheitliches Gesamtbild von my-Kim in eindrucksvoller Weise gegeben sein.

Der Darstellung einer Unternehmung in all ihren Formen sollte bei den heutigen Möglichkeiten der EDV-Systeme auch in den Neuen Medien keine Grenzen gesetzt sein. Es ist also technisch möglich, dieselben Farben und Formen, die-selbe Bildsprache und dieselbe Schriftarten nicht nur auf Papier, sondern auch auf den Bildschirmen entsprechend darzustellen. Zu Beginn der multimedialen Kommunikation konnten durch unzureichende EDV-Systeme nur ungenügend viele Farben (meist war nur eine schwarz/weiß-Darstellung möglich), Formen und Schriften, sowie nur sehr niedrig auflösende Bilder dargestellt werden, obwohl es Internet, E-Mail und andere computergestützte Kommunikationswege bereits gab. Damals war es aus diesen Gründen sicherlich besser, auf eine Dar-stellung in den Neuen Medien zu verzichten. Heutzutage ist dies jedoch unabdingbar, da sich die Gewohnheiten der Nachfrager in hohem Maße dahinge-hend entwickelt haben, Informationen aus dem Internet zu beziehen, dort nach Produkten zu recherchieren, Spezifikationen nachzulesen und wenn möglich, Produkte sogar bargeldlos übers Internet zu bestellen. Den neuen Medien fällt in diesem Zusammenhang eine immer höhere Wichtigkeit zu. Aus diesem Grund ist eine durchgängige Corporate Identity, die eine Unternehmung in allen Medienarten gleichartig repräsentiert, ein Muss, da nur so eine gute Wiedererkennbarkeit und somit ein funktionierender Imagetransfer gewährleistet ist.

4.9 Aufbau von Netzwerken

Ein der Systemtheorie entliehener Ansatz bezeichnet als Netzwerk eine Menge von miteinander auf unterschiedlichste Weise verbundenen Objekten, die jedes für sich selbstständig agieren, aber miteinander ein gesamtes System bilden. Im Fokus steht hierbei die Annahme, dass ein Netzwerk als ein soziales System zu verstehen ist, das sich vor allem durch die Qualität von Beziehungen beschreiben lässt. Das Verhalten des Netzwerks ist daher vor allem von der Qualität des Beziehungszusammenhangs abhängig. In einem eher pragmatischen Ansatz, der aufgrund der Ausrichtung der vorliegenden Arbeit von wirtschaftlichen und sozialen Denkweisen beeinflusst ist, dienen Netzwerke dazu, Kontakte zu generieren und damit den Absatz und die Marktmacht von Individuen und Unternehmen auszubauen und zu stärken. Um dieses Ziel zu erreichen, kann man Netzwerke auf vielfältige Art und Weise nutzen. Es können hier Ansätze unterschieden werden, die einerseits dazu dienen, mit dem Produktangebot von Unternehmen über Netzwerke zu werben und andererseits, um eine Zusammenarbeit mit anderen Partnern des gleichen Netzwerkes aufzubauen. Des Weiteren kann eine Meinungsbildung über Netzwerke beabsichtigt und durchgeführt werden. Es kann ein Interessenten- und Kundenkreis aufgebaut werden, der zeitnah über Aktivitäten und Neuheiten einer Firma informiert wird und man kann sich über Netzwerke schnell auf seinen Zielmärkten etablieren, da eine effiziente Informationsverbreitung möglich ist. Außerdem kann ein engagierter Ausbau seiner Netzwerkaktivitäten dazu dienen, im Falle von Fertigungsengpässen schnell geeignete Lieferanten zu finden, die mit der Produktion hilfreich einspringen. Im Falle der Fremdfertigung der my-Kim Staffeleien war dieser Prozess langwierig und mit Schwierigkeiten behaftet, da zu dieser Zeit noch kein Netzwerk von geeigneten Lieferanten aufgebaut war, aus dem man hätte auswählen können. Ist eine Zusammenarbeit erfolgreich, bietet ein Netzwerk sogar die Möglichkeit, den Zielmarkt langfristig miteinander zu bearbeiten, sodass alle Partnerfirmen davon profitieren. Eine weitere Möglichkeit Netzwerke zu nutzen ist es, Gruppen oder Verbänden beizutreten, die Interessen der Unternehmungen, meist einer Branche, vertreten. In diesen Gruppen kann man nun Lobbyarbeit leisten und Meinungsbildung betreiben. Man verfolgt damit das Ziel, dass die eigenen Interessen durch die Marktmacht der Gruppen und Verbände in weit stärkerem Maße auf dem Zielmarkt vertreten werden, als man es selbst hätte tun können. Auf diese Weise wird eine schnellere Marktdurchdringung ermöglicht. Ein weiterer Vorteil von Gruppen und Verbänden ist, dass hier die Kontakte zu Partnern für eine gemeinsame Marktbearbeitung schnell geschlossen sind und sich die Mitglieder auch gerne gegenseitig vermitteln, um den Gruppenzusammenhalt zu stärken.

Eine in dieser Arbeit immer wieder auftauchende Art von Netzwerken in den Neuen Medien sind die Sozialen Medien, die im Falle von Plattformen wie XING und LinkedIn als wirtschaftlich orientierte Social-Media-Plattformen, die Möglichkeit bieten, wirtschaftliche Kontakte aufzubauen. Hier kann es sich sowohl um Partnerunternehmen, Lieferanten oder Kunden handeln. Auch über diese Plattformen ist eine Meinungsbildung möglich und Werbemaßnahmen können dort gesteuert werden, wobei die Form dieser Maßnahmen von den klassischen Werbemaßnahmen abweicht. Auf vielen dieser Plattformen ist es lediglich möglich, über Firmen und Produkte zu berichten, Anzeigenwerbung und Videospots sind nicht erwünscht und teilweise sogar verboten oder technisch gar nicht möglich. Hier gilt es nun, durch Beiträge vertreten zu sein, die regelmäßig über Produkte und Hintergründe informieren oder in einem konkreten Beispiel über die Anwendung eines bestimmten Produkts in positiver Weise zu berichten.

my-Kim hat in der Gründungsphase und zu Beginn seiner Geschäftstätigkeit nach heutigem Ermessen nicht übermäßig viel für den Aufbau von Netzwerken tun können, was verständlich ist, wenn man die Personalkapazität von zwei Mitarbeitern betrachtet. Gerade bei der Gründung einer Unternehmung sind so viele Tätigkeiten zu planen und zu koordinieren, dass es nicht möglich ist, alle möglichen Maßnahmen gleichermaßen zu priorisieren. Ergebnissen aus Gesprächen mit Unternehmungen legen die Vermutung nahe, dass bei den meisten Firmengründungen das Hauptaugenmerk auf Produkten, der Produktwerbung und dem Aufbau einer funktionsfähigen Produktion sowie eines funktionierenden Vertriebs liegt. Haben sich die ersten Wogen geglättet und haben sich Anfangsschwierigkeiten geklärt, wird der Aufbau eines Netzwerkes erwogen und im besten Fall dann auch verfolgt. my-Kim hat in der Gründungsphase auf pragmatische Art versucht, Kontakte zu generieren und damit Netzwerke aufzubauen. Kontakte wurden zu diesem frühen Stadium hauptsächlich durch Marktrecherche und darauf basierende Telefonakquisition aufgetan, sowohl auf Kunden- als auch auf Lieferanten- und Partnerseite. my-Kim hat bereits vor der eigentlichen Gründung versucht, mit Betreibernetzwerken Kontakt aufzunehmen. Bei diesen Betreibernetzwerken handelt es sich um Netzwerke, die aus privaten Betreiberunternehmen von Kindergärten, Kindertagesstätten und Krippen bestehen. Natürlich wurden diese Kontakte auch auf kommunaler Ebene bei städtischen Betreibern dieser Einrichtungen gesucht. Dies wurde von den beiden Gründern in der Gründungsphase außerdem durch den Besuch von relevanten Fachmessen, zunächst als Besucher, später dann als Aussteller, wirksam unterstützt. Nach und nach erarbeitete sich my-Kim auf diese Weise ein Netzwerk, das durch die Gewinnung von Referenzkunden und durch deren gezielte Marktkommunikation schnell größer wurde und sich im Laufe der Zeit etabliert hat. Es bildete sich ein fester Kundenstamm heraus, der regelmäßig bestellt und my-Kim damit eine wirtschaftliche Basis bietet, die es ermöglicht, neue Produkte zu entwickeln und sich am Markt weiter zu etablieren.

5 Fazit und Ausblick

Die Gründungsphase von my-Kim ist mittlerweile überwunden und der wirtschaftliche Erfolg hat sich eingestellt. Sowohl die Geschäftsidee als auch die Konzeption von my-Kim waren also tragfähig. Die Kernfrage, ob eine Unterstützung mit geeigneten Marketingaktivitäten den Erfolg von my-Kim erhöht oder schneller herbeigeführt hätte, konnte durch die fehlende Expertise aus der Praxis lediglich theoretisch mit Hilfe von Hypothesen und Annahmen diskutiert werden.

my-Kim hat sich etabliert, obwohl nicht alle Marktbearbeitungsmaßnahmen, die möglich gewesen wären, aus personalkapazitativen Gründen durchgeführt werden konnten. Trotzdem war ein schneller Erfolg zu verzeichnen. Das liegt zum einen an der Art der angebotenen Produkte. my-Kim bedient einen Nischenmarkt und bietet Produkte an, die man in dieser Weise bei keinem anderen Anbieter kaufen kann. Die Nachfrager, die my-Kim Produkte kaufen und von ihnen überzeugt sind, werden immer wieder bei my-Kim kaufen. Zum anderen liegt der Erfolg von my-Kim an dem Willen und dem Fleiß der beiden Gründer, die ihr Unternehmen „aus dem Nichts" am Markt etablieren konnten. Eine gute Marktrecherche und die Ermittlung der richtigen Ansprechpartner waren die Basis für eine konsequente Akquisitionsarbeit.

Klassische Medien zum Bewerben der Produkte wurde während der Gründung durch die Erarbeitung von Produktbroschüren und Flyern zwar genutzt, aber andere Werbemaßnahmen wurden nicht angewendet. Zu einem späteren Zeitpunkt wurde ein Messestand konzipiert, mit dem my-Kim auf Fachmessen ausstellte. Diesen Messeaktivitäten hat my-Kim letztendlich die positive und dynamische Entwicklung seiner Netzwerke und die ersten größeren Aufträge zu verdanken. Somit liegt die These nahe, dass der gezielte Einsatz von geeigneten Marketingmaßnahmen die Etablierung einer neu gegründeten Unternehmung positiv unterstützen kann. Gerade auch wenn man auf eine teilweise Fremdfinanzierung einer Neugründung abzielt, ist es unabdingbar, den potenziellen Geldgebern einen Plan vorzulegen, der geeignete Maßnahmen enthält, die eine wirtschaftliche Stabilisierung des Unternehmens unterstützen. Hier sind Werbe- und

Marketingmaßnahmen gefordert, die eine Neugründung als eine seriöse und sinnvolle Investition darstellen. Bezogen auf my-Kim war dies ein Kriterium für die positive Entscheidung eines Fremdkapitalgebers, der zur Finanzierung des Kaufes einer komplett eingerichteten modernen Schreinerei angefragt wurde. Die Mittel sind geflossen und der Kauf wurde vollzogen, was my-Kim aufgrund der gesteigerten Produktionskapazitäten und -möglichkeiten eine noch stärkere Position auf seinen Märkten verschafft.

Die Neuen Medien wurden von my-Kim zu Beginn lediglich zur Firmendarstellung im Internet genutzt, später kam ein Online-Shop hinzu, der es ermöglicht, my-Kim-Produkte direkt über die Internetverbindung zu bestellen. Natürlich wurde der Schriftverkehr neben dem postalischen Weg auch über E-Mail vollzogen, E-Mail-Newsletter oder Werbeaktionen über E-Mail wurden nicht versendet. Hier hätte sicherlich mehr gemacht werden können, was die Etablierung von my-Kim auf den Zielmärkten beschleunigt hätte. Außerdem wurden Social-Media-Kanäle bis dato nicht genutzt. Auch hier besteht noch eine Möglichkeit zum Aufbau eines wirksamen Netzwerkes und zur Gewinnung neuer Kunden und somit zur Generierung von weiteren Aufträgen.

Durch Bedarfe von Kunden und durch gezielte Marktbeobachtung hat sich das Produktprogramm von my-Kim frappant erweitert. Neben den dieser Arbeit zugrunde gelegten Produkte wie Pinsel, Staffelei und Museums-Sets sind nun die individuelle Planung und der Aufbau von kompletten Bewegungslandschaften für den Innen- und Außenbereich ein Schwerpunkt des Angebots von my-Kim geworden. Vielen Auftraggebern war es nicht genug, ein Ateliersystem für die auf Kreativität und die künstlerische Sensibilisierung von Kindern im Vorschulalter einzusetzen, sie wollten vielmehr eine komplette Ausgestaltung ihrer Räume zur Unterstützung ihrer kreativen und künstlerischen Erziehung und Bildung. Durch diese Maßnahmen kam auch die Einstellung der bereits in Kapitel 4.6 erwähnen Architektin zustande, die nun bei my-Kim diese Räume mitentwickelt. Durch diese positive Entwicklung der Produkterweiterung, des Kaufs der Schreinerei und der Erweiterung der Mitarbeiterzahl wird es nun, rund zweieinhalb Jahre nach der Gründung von my-Kim notwendig, über eine Umwandlung der Rechtsform nachzudenken. Das Unternehmensrisiko ist im Vergleich zu den Risiken während der Gründungsphasen beträchtlich gestiegen, so werden unter anderem Brücken und Baumhäuser für die Bewegungslandschaften konzipiert, es wurde Fremdkapital aufgenommen und es wurde eine Mitarbeiterin angestellt. Aus diesem Grund wird geplant die my-Kim GbR in eine GmbH umzuwandeln. Sollte der Geschäftsverlauf von my-Kim so weitergehen wie er in den ersten Jahren nach der erfolgreichen Gründung begonnen hat, ist das eine richtige Entscheidung für den weiteren Weg in einem schwierigen aber reizvollen unternehmerischen Umfeld.

Literaturverzeichnis:

Berndt, Ralph: Marketing 1, Käuferverhalten, Marktforschung und Marketing-Prognosen, 1. Auflage, Berlin/Heidelberg 1990, Springer-Verlag

Berndt, Ralph: Marketing 2, Marketing-Politik, 1. Auflage, Berlin/Heidelberg 1990, Springer-Verlag

Berndt, Ralph: Marketing 3, Marketing-Management, 1. Auflage, Berlin/Heidelberg 1991, Springer-Verlag

Colbert, François: Marketing Culture and the Arts, Montreal 1994, Paul & Co Pub Consortium (deutsch: Kultur- und Kunstmarketing. Ein Arbeitsbuch, Wien/New York 1999)

Günter, Bernd/Hausmann, Andrea: Kulturmarketing, 1. Auflage, Herausgeber: Andrea Hausmann, Wiesbaden 2009, VS Verlag für Sozialwissenschaften - GWV Fachverlage

Grüner, Herbert, Kleine, Helene, Puchta, Dieter und Schulze, Klaus-P. (Hg.): Kreative gründen anders!, 1. Auflage, Herausgeber: Klaus-P. Schulze, Bielefeld 2009, transcript Verlag

Grüner, Herbert/Konrad, Elmar D.: Management für Kreativunternehmen, 1. Auflage, Herausgeber: Elmar D. Konrad, Stuttgart 2012, Verlag W. Kohlhammer

Hadwinger, Norbert/Robert, Alexandre: Produkt ist Kommunikation, 1. Auflage, Bonn 2002, Galileo Press GmbH

Holzapfel, Felix: Guerilla Marketing - Online, Mobile und Crossmedien, Felix Holzapfel, 11. Mai 2006. www.guerillamarketingbuch.com (Zugriff am 5. März 2014).

Klein, Armin (Hg.): Taten.Drang.Kultur, 1. Auflage, Wiesbaden 2011, VS Verlag für Sozialwissenschaften

Kotler, Philip: Grundlagen des Marketing, 2. überarbeitete Auflage, München 1999, Prentice Hall

Kotler, Philip/Bliemel, Friedhelm: Marketing Management, 7. Auflage, Stuttgart 1991, Schäffer-Poeschel

Mandel, Birgit: Die neuen Kulturunternehmer, 1. Auflage, Bielefeld 2007, transcript Verlag

Margonis, Jonathan/Garrigan, Patrick: Guerilla Marketing für Dummies, 1. Auflage, Weinheim 2010, Wiley-VCH Verlag

Anhang

Produktfotos

Museums-Set   Museums-Set   Museums-Set

Bewegungsräume innen   Bewegungsräume innen

Abbildungen zur Corporate Identity

Visitenkarte Vorderseite

Visitenkarte Rückseite

Briefbogen

Screenshot der Website „www.mykim.com"

my-Kim Logo

my-Kim Transporter

Titel Produktbroschüre

Titel Fortbildungsbroschüre

Druck: KN Digital Printforce GmbH · Schockenriedstraße 37 · 70565 Stuttgart